我是 *612*
我當包租公

我是 *612*
我當包租公

我是 *612* 🏠
我當包租公

我是 *612*
我當包租公

我是 *612* 🏠$ Lawyer
我當包租公

包租公律師**蔡志雄**
教你一千萬退休投資術

蔡志雄 ◎ 著

序 自序

『相信』的力量　蔡志雄

　　相信『相信』的力量，這是我考取不動產經紀人榜眼，聯合報來採訪國考經驗時鼓勵考生的一句話，其實這也正是我向來的人生哲學，對我的幫助很大。

　　回首二十多年前，我還只是個租住在鐵皮屋的小高中生，下課了要嘛不是在學校對面的麵攤吃碗餛飩麵加蛋，或者拎著牛肉湯麵帶著走回鐵皮屋。依悉記得老闆端麵來大喊餛蛋哪位的聲音（餛飩麵加蛋簡稱餛蛋），至於吃牛肉湯麵是因為只要少吃幾塊肉就可以多省一些錢。那時候傍晚一個人拎著湯麵走在台北街頭，看著家家戶戶點起了萬家燈火，我打從心裡告訴自己～～～將來，我也要在這個城市裡點燃屬於我自己的一盞燈。

　　也許是過往的這段經歷，在我的潛意識裡深深地埋下了買房的因子，從自己執業當律師買辦公室開始，之後因緣際會又買了幾間房子出租當包租公。曾經有一次颱風，我站在窗前看著外頭的風雨，觸動高中那時住鐵皮屋漏水的回憶，也回想起

當年想要在這個城市點亮一盞燈的心願。雖然外面正在颱風下雨，我望著客廳的電燈，安居在屬於自己的房子裡，同時也讓幾位房客安穩地住在我出租的房子裡。從房客到房東，在這個城市裡終於有了屬於我的亮光。

這一路走來，需要感恩的人很多，認識投信一姐趙靖宇，靖宇姊邀請我上環宇電台『趙靖宇時間』，之前上媒體聊的都是家事案件，這是我第一次在媒體上暢談包租公的心得。靖宇姊還介紹我認識好房網與好房誌的總編輯吳光中以及大直豪宅王陳泰源，光中樂在工作，騎重機遨遊山水樂活的生活態度讓我心生嚮往，並不時給我指點，讓我從原本「人事時地物」法律人的思維，多了一些「眼耳鼻舌口」的觀察，我也成了好房網的專欄作家，那是我人生的第一個專欄；泰源是不動產業界耀眼的巨星，每天中午用餐，幾乎都看得到記者採訪泰源不動產相關的新聞報導。又因為光中認識房產大師天時地利不動產創辦人張欣民老師以及智庫雲端發行人范世華老師，參加幾次欣民老師所主持正聲廣播『日光大道』節目，發現欣民老師對於討論主題總是準備充分，每每都能讓我激盪出新的想法，大師風範讓人肅然起敬；而世華老師不動產相關著作等身，出版

經驗豐富，每每給我精闢入理的指導，讓本書得以順利問世。特別感謝靖宇姊、光中、泰源、欣民老師、世華老師推薦我的書，有你們的支持，我會更加勇敢大步向前。

還要感謝錢雜誌的撰述委員賴雅淳做了一篇律師包租公教你聰明買屋的專訪，「包租公律師」從此成了我的頭銜，也因此有一天我接到 TVBS 新聞部執行企劃吳宗翰的電話，邀請我上「地球黃金線」節目談包租公心得，主持人劉姿麟小姿女主播奮鬥的故事非常砥礪人心，因為她的節目，接連著又有幾家出版社找我出書，讓我有機會將心裡醞釀多時的心得整理成文字出版，今年是很豐盛的一年，我將在鍵盤的敲打聲中度過，敬請期待。

另外，「一千萬退休投資術」也是雅淳幫我想到的標題，還有一位為善不欲人知的朋友提攜，讓我有機會在 Yahoo 奇摩房地產寫專欄，還多了許多媒體採訪的機會，在這邊要跟妳還有以上諸多好友說一聲謝謝，各位的提攜之情讓我永生難忘，因為有你們的幫忙，我才能做得到。

　　當了十多年的房東，這本書是我用豐富實戰經驗醞釀而成的文字，『一千萬退休投資術』、『三天快速出租法』、『租金買股循環法』、『一年收租 13 個月』、『以大養小，以小換大』等等特殊的心法，精銳盡出毫無保留，希望幫助有志成為包租公、包租婆的人，實現財富自由的理想。尤其是現在房價高漲，很多人想要買房，卻又覺得要在天龍國買一個房子似乎是遙不可及的夢想，如果這樣想你就輸了，我鼓勵大家當『天龍特攻隊』，在適合的時機，攻下一個攤頭堡，在這個城市裡點亮屬於你自己的一盞燈。

　　你也要相信『相信』的力量，套用某個廣告台詞說的，trust me，you can make it。

齊聚財經、房產、媒體、名師、專業......各界重要達人~

吳光中、范世華、張欣民、陳泰源、趙靖宇

共同推薦 !!!
（由姓名筆劃排序）

==

吳光中　好房網暨好房雜誌總編輯、資深新聞媒體人

范世華　不動產講師、房市暢銷作家暨出版發行人

張欣民　房產知名專家、張欣民不動產學院負責人、正聲廣播
　　　　「日光大道」節目主持人

陳泰源　房產專業達人、台灣房屋大直特許加盟店副店長、常
　　　　是媒體專訪的獨立評論員，人稱「大直豪宅王」

趙靖宇　財經專家、環宇電台「趙靖宇時間」節目主持人、
　　　　「投信一姐」與「基金一姐」皆是業界對她的封號

序

推薦文

不只是包租公，同時也是「水電工律師」

范世華

跟律師諮詢水電問題！會不會很瞎？

一般情況下，若向律師諮詢法律問題，付費是很正常的情形！因為相關法律的業務範圍，屬於專業的領域，本該是律師的飯碗。但是我跟蔡律師諮詢水電問題，嘿～這可用不著花錢了！

曾經我就在ＦＢ上用訊息跟蔡律師請教水電，解決了熱水器不熱的問題，很跳 tone 吧！律師吔～幫我解決問題不收費，讓我覺得賺到了。

因為演藝界的歌唱選秀節目，出了一個「木工歌手」，也就讓我聯想到，法律界的蔡律師，他所擁有的技能本領，則是名副其實的「水電工律師」，必然也應該會大紅大紫、名利雙收的。

　　不過蔡律師更厲害的本事,可是經營財富的投資,他最成功的副業就是買房收租,於是我腦海裡頭浮現出兩個對比的畫面……選秀節目流行大喊「我要當歌手」,蔡律師則淡淡地說「我當包租公」。（歌手數不清會有多少個?但不管是「包租公律師」或是「水電工律師」,目前唯一就只有一個,而且名字都叫做蔡志雄。如何?搶手吧。接下來……通告可接不完了呢!）

　　社會上不知有多少人都希望自己能夠成名、富裕,然而蔡律師除了本業擁有一定的收入之外,副業的租金收益也能夠充裕穩定,令人羨慕的是他能夠如此年輕,就已經擁有許多人夢想追求的「財富自由」了。

　　可是這一切並非理所當然,有人可能會認為現在只有含著金湯匙出身,才容易相對獲得富有和成功。但是您如果閱讀完蔡律師的故事,您絕對能被他那一股激勵人心的熱情所感動,蔡律師並非從小先天就有良好的環境,或許就是那種從小跟著父親一起做水電的質樸和踏實,讓他一步一腳印,踏出今日的成果,足以成為現代青年人的典範,只要堅持理想和信念,找到方法,一樣能有機會出頭天!

　　也就是因為蔡律師從小的平凡，每當蔡律師分享他對於投資理財的心得，都能嗅到他獨特的一種「財富正義感」，感嘆社會財富弱勢的一方，如何能夠擺脫貧窮進階成為富裕的一方？他以個人的智慧和經驗提供分享，希望財富弱勢者也能透過學習仿效的應用而獲得財富，縱使無法幫助到所有的人，但只要能夠讓某些人得到成長與效益，能幫多少、算多少！

　　雖然心有「財富正義感」，對於社會貧富差距的現象感到無助，但是蔡律師卻是一點也不偏激，他總能灌輸給人一種「正向」的觀點，面對當前的社會氛圍，許多人漸漸將「投資」與「投機」胡亂貼上標籤，凡是只要跟「賺錢」有關、與「就業」無關的投資理財行為，都認為不是件好事，於是投資客就與黑心畫上了等號、包租公意味著不事生產、股票族被視為賭徒……

　　許多社會角色的名詞稱呼（土財主、建商、財團、官員、政客……）也被冠為負面、糟糕的形象，因此藉由他的故事，蔡律師親自站了出來，希望能夠導正視聽，對於一些合法、正當的賺錢方法，應該正面看待才對，畢竟，在現況職場新鮮人只有 22K 的時代，如果不願去正視投資理財，光靠薪水想要翻

身致富，幾乎是不可能的。既然「投資不犯罪，只要有繳稅！」那麼為什麼大家不去努力朝「成為有錢人」的夢想去打拼呢？

身為律師，當領到了律師證照的那一刻起，肩上就擔負起相當的社會責任，蔡律師強調，「追求財富」並不是一件壞的事情，他以個人身分為例子來告訴大家，即使個人的職業工作背景與金融財務一點都不相關，但是律師一樣可以把投資做得很成功。因為文字與蔡律師結緣的您或許也一樣，即使個人的財富地位弱勢，也不必「反商」或「仇富」，反而更應該與「投資理財」的資訊多接觸，苦口婆心，蔡律師鼓勵大家多和「金錢」做朋友，最後「財富」自然也會成為自己所擁有！

序

推薦文

經驗分享「增你智」，築夢踏實「增你富」

吳光中

　　蔡志雄是文學界的逃兵，同時也是律師界的另類。但也幸虧他的另類，才讓文學界多了一名生力軍。

　　一年多前，透過環宇電台的趙姐認識了蔡志雄，我還記得當時趙姐的介紹辭頗為搞笑：「他在離婚界（咦～有這種界嗎？）十分有名，專打離婚訴訟，但是他對如何當包租公很有一套，而且開了一個部落格，跟大家分享當包租公的酸甜苦辣和買房、看房及佈置房間的技巧。」

　　迅速去查看他的部落格，發現這個人還真有趣，質樸純真的文字，單純而熱情的分享，完全不藏私地公開多年包租公的心得，甚至傳授一些租賃合約上的民法小常識，讓房東與房客相互間的權利、義務更有保障。當下就被部落格裡的蔡志雄感動，跟趙姐要了電話，立馬撥了過去…

　　手機那端，蔡律師說話條理分明（廢話，人家是當律師的嘛

～），而且非常客氣有禮，更難得的是他具有一股強大的意識能量，想將他所知道的一切與大家分享，尤其是租屋、買房心得，他一直認為，當包租公是讓人「財務自由」的最佳途逕，經過十幾年的努力他做到了，於是他很想將他的實戰經驗告訴大家。

開專欄是最好的方法，於是我們一拍即合。過去他開部落格只是起步，好像是在自家廚房做幾道好菜請朋友吃，知道又能吃到的人畢竟有限，但是在「好房 News」開專欄，那就不一樣了，像在知名大飯店裡開餐廳，每天有數萬名精準訪客來到這個房產專業平台，蔡律師的包租公心得也因此逐漸打開知名度，不但被 yahoo 邀約為專欄作家，還有好多家出版商同時相中，爭相邀他出書，目前他的書約已排到 2016 年一共還要再出4 本。

買房，不等於炒房。蔡律師立志當包租公，買房是長期持有，房子是一種資產，出租是創造現金流，所得只要誠實報稅，就是一種好的財務規畫，更何況現在房價高漲，買得起的人，租給買不起的，讓沒有房子的人只要花些許租金，就有安身立命之地，互取所需，值得鼓勵。

　　蔡律師的書裡有許多買房的精彩故事，而我這裡也剛好有一個「好房 News」刊登過的真實案例：民國 64 年，距今剛好 40 年，當年某日的報紙上面有則「增你智」電視機的廣告，那是當時最新、最時髦的彩色電視機，售價為 12 萬 2500 元；而民國 67 年，報紙上有另一則賣預售屋的分類廣告，工地是在台北市西昌街 153 號，頭期款 5 萬元，月付 2000 元，就能買一間套房。試想當年，有二個人，一個買了電視，另一位在萬華買了二間套房 (12 萬 2500 元買二間套房還有找)，如今恐怕是命運大不同了吧！請問你想當那一位？

推薦文

有朝一日，你也可以成為「○○包租公」

陳泰源

前陣子，蔡律師出了一本《民法概要》的書，他以「榜眼」的身分請我這名「考生」寫推薦文；現在，蔡律師再度以「買方&包租公」的身分寫了一本書，我則以「房仲&房客」的身分再次寫推薦文。

如何挑房？如何買房？如何與房仲談判？如何保養房？

如何快速招租？如何找好房客？如何與房客互動？

如何以房養房、由小換大？家具家電怎麼買比較便宜？

如何透過照片、佈置房屋吸引房客來電詢問看屋？

為何買套房堅持要有天然瓦斯而非電熱？

為何堅持小宅投資術，卻又堅持不接受隔間雅/套房 or 頂樓加蓋？

簽訂租賃約的條文內容如何增列刪減？自保亦能兼顧房客權益？

刊登出租，如何運用技巧撇步，讓瀏覽人次變多，自然排序可以擠進前幾名？

如何用科學方法精算，確認自己財務槓桿不會操作過大而影響生活品質？

　　過去市面上類似的書籍，作者絕大多數都是房產業者背景，可能是公關發言人，或是談話性節目來賓的名人，有無實戰經驗不知道，內容或許亦有所保留，真假難以判斷，更擔心只揭露其亮麗的一面，讓人們以為可一步登天。

　　蔡律師是極少數願意公開分享經驗的「跨領域包租公」，不僅擁有多次的買方經驗，也累積長年的房東心得。

　　他買電視機，紙箱&保麗龍防震墊從不丟棄，當房客電視機壞掉，趕緊給房客送自家的過去，寧願自己暫沒 TV 可看，待下次特價時再買。

　　也因父親是水電師傅，從小耳濡目染也懂水電，房客如果遇到相關問題，「蔡師傅」都將親自登門維修，不僅人工費免了，連材料零件費也不跟房客收，站在多年在外頭租房子，同為房客立場的我來說，能遇到這樣親力親為的好房東，肯定會更珍惜呵護所承租的房子！

　　蔡律師從一開始硬著頭皮跟父母親借頭期款，買了間屬於自己的辦公室，到後來只是為了買個車位，無心插柳開啟了包

租公生涯。在「流浪律師」滿街跑的危機現況，早已磨練出十八般武藝的「律師包租公」，向讀者傳達「一技之長」已不夠看，多元發展才是生存王道。

蔡律師曾經很沉重地對我說：「台灣面對薪資倒退十幾年的現況，未來年輕人恐怕不只是買不起房，恐怕連租都租不起！」

他雖持有許多房可收租金，卻也讓讀者們知道他如何一步一腳印；他已達到「財富自由」的境界，卻不希望房價無限上漲。

這本書的誕生讓我感到相當興奮！內容有蔡律師以「買方 VS 房仲」&「房東 VS 房客」等多元立場交織而成的真實故事，以及他對「房市」的獨門見解，還有一路走來成功之「甘苦談」。它不是教你投機，而是告訴你「如果你也能像蔡律師一樣築夢踏實」，未來縱使台灣經濟情況再嚴峻，有朝一日，你也能像「律師包租公」一樣，成為「OO包租公」。

　　蔡律師自有其一套投資心法，富腦袋的養成絕非偶然，這本書可以說是毫無保留、傾囊相授，因立場多半與讀者們一致，閱讀中往往不自覺會「身歷其境」！讓我們以「律師包租公」的角度重新體驗買房過程，豐富我們對於看「屋」這件事情的廣度吧！

PS 小記：其實，蔡律師對股市也頗有研究，上次，我以考生的身分為榜眼寫序；這次，我以房仲的身分幫包租公寫序；期待不久的未來，我能以粉絲、忠實讀者的身分，預祝《「房/股雙東–蔡律師」之全方位投資理財術》這本書的誕生吧！

序　推薦文
得道多助

張欣民

　　在房地產市場上常會聽到「三師」這個名詞，所謂「三師」是指醫師、律師、會計師，他們都是屬多金的專業人士，也是房市當中多金的投資狠角色，蔡志雄是個律師，是個大律師，但他不是那種在房市當中殺進殺出的狠角色，他是個堅信「投資不犯罪」的律師包租公、包租公律師！

　　在偶然的機緣下認識了蔡志雄律師，剛好又碰上錢雜誌做了一篇律師包租公教你聰明買屋的專訪，於是就力邀蔡律師上我在正聲主持的日光大道節目分享包租公的經驗及心得。

　　蔡律師正如他本身的執業背景一樣，是個能言善道的法律人，可是在節目當中他又化身成為一個滔滔不絕的說故事人，將他如何跟房地產接觸，到誤打誤撞踏入包租公的領域，興味盎然的分享給我的聽眾朋友，雖然說我本人過去聽過一些類似包租公的故事，但是由蔡律師口中道來，卻是處處充滿了驚喜與樂趣，彷彿每個過程與細節都是經過細心、精心的安排！

　　但是節目時間畢竟有限，一小時的訪談一下子就過去了，讓人總覺意猶未盡，沒想到沒過多久，就聽說蔡律師要將這些當包租公的經驗出書跟更多的讀者分享，聽到這消息真的是非常開心，因為廣大的讀者們真的有福了，可以更完整的汲取蔡律師實務上投資的心法與經驗，更能從字裡行間去感受包租公律師的樂活人生態度。也因為這層關係，當蔡律師要我撰文幫這本新書推薦時，我毫不猶豫的就答應了！

　　蔡律師的這本新書，書名是「我是 612 我當包租公」，副標是「包租公律師蔡志雄教你一千萬退休投資術」，從書名就可看出蔡律師的幽默詼諧，數字「612」如果你不來個腦筋急轉彎，恐怕很難跟 Lawyer 連結在一起，如此具有懸疑性的書名很難不讓人多看兩眼，至於「包租公律師蔡志雄教你一千萬退休投資術」，更是現代人正在流行提前退休時的夢想，當然想提前實現夢想的你一定得好好看看蔡律師不藏私的寶貴經驗分享。

　　我曾經寫過一篇「買屋投資賺錢 4 大模式」的文章 po 在 Yahoo 專家專欄及個人部落格中，都吸引超高的人氣點閱，可見近幾年來房地產投資已經成為一種全民運動了，這賺錢 4 大

模式包括傳統賺取租金模式、投資賺價差模式、槓桿操作模式以及放長線釣大魚模式。蔡律師就是個活生生的賺取租金的投資模式，此一模式在房價高漲、政府限縮政策頻頻出籠的現在，當大家都不看好房市短線投資的時候，它永遠都是一個進可攻退可守的房市投資策略與方法，與其陷在投資不投資的兩難之中，學學蔡志雄律師的作法，或許也能讓你不只成為一個快樂的投資人，更能成為一個房市大贏家！

最後，預祝蔡律師新書大賣，蔡律師說他相信「相信」的力量，我也相信以蔡律師正向思考的能量，「我是 612 我當包租公」一定會大賣！

C·O·N·T·E·N·T

目　　　錄

第一篇　【置產生涯的啟航】
從律師到包租公的百變人生

第二篇　【房產財富的智慧】
　　　　　一千萬退休投資術

C·O·N·T·E·N·T

目　　錄

C·O·N·T·E·N·T

目　錄

第一篇

從律師到包租公的百變人生

置產生涯的啟航

「612 是什麼意思啊？」

好多人猜是我的生日嗎？不是啦，當我提示律師的英文是？大部分人 Lawyer.....還沒念完就頻頻點頭稱是，「喔，612 就是 Lawyer」。沒錯，我的職業是律師，同時我也當包租公，所以你可以稱呼我「包租公律師」或是「律師包租公」。

律師當包租公？太跳 tone 了吧！如果你覺得訝異，那我必需再告訴你，當房東我可是連房客的水電都是自己動手來維修，專業的呢！考試要拼第一，連當房東也是，我出租的房子登在 591 租屋網，經常都是瀏覽人次的第一名。放心，我是律師，凡事講求證據，我在後面的章節會拿出資料來，有圖有真相呀！

人生有太多無限的可能，我同時也是 Yahoo 奇摩房地產、好房網、女人變有錢的專欄作家，還去參加不動產經紀人考試考了個榜眼，之後還出了一系列不動產經紀人的考試用書、開課，偶爾上電視分享不動產投資以及辦理家事案件的經驗。回首人生，感覺就像小時候玩捲起來一邊打開的藏寶圖一樣，走到了一個點，又衍生出更多方向。以下我要告訴你的故事，就是我奇妙的人生經歷。

從律師跨足包租公

也許有人會好奇，好好當律師就好，為什麼還要當包租公？

我想告訴大家兩件事情，第一，律師不見得好當，第二，不景氣的年代，人人都需要投資。

為什麼說律師不見得好當？這幾年律師大量錄取，每年錄取八、九百個律師，號稱「千人大軍」，相較於本來五、六千人的執業律師人數，算算不出幾年，就會多出一倍，但是案件量絕對不可能同步增加，在供給大於需求的情況下，競爭激烈，更何況還多了法律扶助基金會瓜分案源，律師行業這幾年可謂遭逢「內有狼、外有虎」的嚴峻挑戰。

　　近來媒體上還不時出現「流浪律師」的報導，所以我開玩笑的說，全台灣哪裡律師最多？淡水呀。為什麼？大家應該都聽過金門王跟李炳輝唱的「流浪到淡水」吧，所以淡水律師最多呀。

　　以前剛執業的時候，到法院休息室布告欄上都是找受雇律師的訊息，現在幾乎都變成分租辦公室的廣告。有時候我走在街頭，看到一些透天的診所就覺得感慨，過去當醫生隨便就可以買透天厝，樓下當診所樓上當住家，律師應該也算是高收入，但現在律師行業不景氣，許多新進律師只能分租辦公室合署辦公。

　　雖然我已經執業十多年，律師業務還算穩定，但總不能等到流浪才來想下一步吧。

　　從最近我事務所曾經接到這樣的電話，清楚看到律師行業生態的轉變……

「蔡志雄律師事務所，您好」

「蔡律師在嗎？我想請教一些買賣房屋的法律問題」

「蔡律師去開庭不在，詢問法律問題要麻煩您預約時間，事務所會按鐘點收諮詢費」

「什麼？問律師問題而已要收諮詢費？我連絡過二十幾家事務所，每一家都沒收錢就直接回答呀」對方在電話那頭這麼說。

曾幾何時，法律諮詢已經變成是一項律師必需免費提供的服務了嗎？大家可知道律師執業，必需要有辦公室，聘請人員處理相關事務等等，這些種種都是成本，而且律師諮詢是提供 knowhow，如果免費服務，那麼律師要如何生活？

所以現在不是只有一般上班族有 22K 的問題，就連律師等等專業人士都面臨嚴峻的挑戰，取得證照只是一個進入市場的門檻，絕對不是從此金山銀山，高枕無憂。

而且，就算是律師，其實也是靠人力工作才能賺錢，這叫「主動收入」。相對於「主動收入」的就是「被動收入」，其實我覺得也可以稱之為「不動收入」，也就是人「躺著不動」睡覺也有錢。

　　那要如何「躺著不動」睡覺也有錢呢？最簡單的方式就是存款收利息，但現在銀行利率低，在通貨膨脹下根本是負利率，看起來好像是賺了利息，實際上卻是『躺著賠錢』，不如將資金買股票賺取股息，或是買房子出租賺租金，才能真正賺到錢。

　　靠人力工作賺錢，說穿了就是賣時間來賺錢，而且，律師真的不是一個輕鬆的行業，像我就曾經從早上九點半一直開庭到下午六、七點，或者辦理羈押的案件，從晚上六、七點弄到隔天清晨四、五點，早上還有其他庭要開。而且自行開業的律師又沒有退休金，難道律師工作可以做到一百歲，一輩子溫飽，衣食無缺嗎？所以光靠「主動收入」要達到財富自由是不可能的，一定要有「被動收入」才可以，這就是我所說的「不景氣的年代，人人都需要投資」。

　　因為律師工作平常要跟當事人討論案情，整理書狀，閱卷，開庭，已經忙得不可開交，一開始能夠花在投資這部分的時間也不多，我因緣際會從為了停車位而購買了套房，之後將套房出租的經驗得知，當包租公除了要跟房客簽約及平日一些

小修繕以外，並不會花費太多時間，於是當包租公收租就是我第一個選擇擁有「被動收入」的投資方式。

　　這邊要先把時間拉回到過去，從我第一次買房子開始談起⋯⋯

【置產生涯的啟航】
　　從律師到包租公的百變人生

第一次買房的經驗

我在民國 87 年考取律師，受訓期滿取得了律師執照以後，繼續在原來的事務所受雇二年，之後便離開事務所準備自行開業。

律師開業總要有個辦公室，辦公室可以用租的，也可以自己買，我當時衡量在台北市租辦公室的租金，同樣的金額其實就可以在房價較低的區域繳貸款買房子，於是我決定自己買辦公室，並鎖定在當時房價較低的台北縣找房子。

而且為了讓價差更大，一開始我鎖定要買法拍屋，網路上司法院的網站就有法拍屋公告可以找適合的標的，挑中不錯的幾間以後，就安排好路線開車沿路實際去看看。

一個人邊看地圖邊認路開車，曾經開進無尾巷，路邊的阿

婆問「少年ㄟ，你抹找誰」，買法拍屋最害怕別人來競爭，我就隨口回答「歹勢，開錯了」。當然，無尾巷不是好的標的，就直接淘汰出局了。

也曾經到達物件的大樓，站在路邊數樓層，數到法拍的那一層，看到窗戶玻璃沒了，牆壁焦焦黑黑的，明顯是燒過的痕跡。

那時候我記得也去了幾趟汐止，好巧不巧那幾年幾次淹水，像是象神、納莉風災都被我遇到了，我開車經過泥濘的街道去看房子，路邊停滿軍車，還有國軍弟兄拿鏟子一鏟一鏟的清淤泥，當下決定打道回府。沒想到之後汐止再也不淹水了，房價就從一坪六萬，而且銀行不貸款的狀況，漲到現在幾十萬一坪。

看著看著來到板橋的一個物件，觀察了一下周邊的區域，新莊、三重、中和、土城，都算人口密集的區域，我想有人口就會有法律案源，物件本身的大樓看來也是管理良善，於是決定出手投標。

　　投標買法拍屋要先準備保證金，於是那天先去台灣銀行一趟買了台銀本票後，來到法院的投標室投下了標單，等時間一到，法院人員將標單按物件分門別類我才發現，原來法拍屋有兩種。有一次我到正聲電台參加張欣民老師「日光大道」的節目提到這一段過程，張老師說：「分兩種？點交跟不點交嗎？」我說這樣分也沒錯，但我當場看到的是，分成「沒人投標的」，跟「好多人投標的」。不好的物件一個標單也沒有，好的物件有一堆人搶著投標，滿滿一整間投標室的人，其實都集中投標在那二、三個標的，而我投標的物件，當然也是一堆標單。開標結果，我出第二高價，有人比我多出六萬得標了。

　　我永遠記得差那六萬元，你要知道我找到這樣一間滿意的物件可是歷經了無尾巷，看過火燒厝，還有汐止的象神、納莉風災，好不容易才找到，沒標到實在很不甘心。於是一個人開車繞呀繞又回到那棟大樓，想說買不到再看一眼也好，看完房子要走回對面馬路開車，經過了一間房仲，當時大概是太想找房子了，於是就站著看貼在玻璃櫥窗上一整列的物件，當然這時候店內的房仲標準動作，一定會出來遞名片。

「先生，您好，我是效俠，能為您服務嗎？」

「嗯！」

「有喜歡的物件嗎？」

「看看而已」（內心的 os 是我找房子已經找好久啦。）

「我這兩天剛好接了一間房子，戶數單純，隔局方正，
　就在對面，要去看看嗎？」

　　於是房仲拿了鑰匙，我跟著他進門一看，是辦公室的隔局。

「這間屋主本來是拿來開公司的，但現在已經搬遷到大
　陸去了，所以要出售，你看，很漂亮吧！」

　　這房子果然如房仲說的隔局方正，而且我也沒跟房仲說我
要找的是辦公室，怎麼那麼巧就是辦公室的隔局！左右四週環
顧了一圈，我心裡已經安排好我的辦公室在哪，哪邊是會議
室，買了幾乎就可以直接搬遷進來，不用重新裝潢，而且難得
的是，終於可以直接走進物件參觀，之前看了一堆法拍屋，缺
點就是只能在外面探頭探腦，房子裡面實際狀況怎樣根本不知
道。

　　但問題是這間房子的坪數比我原先設定的還大，因此問了一下價位，幾乎是我當初準備買法拍屋金額的兩倍，當下只好先跟房仲說考慮考慮。

　　之後考慮再三，還是決定要買下這間房子，至於不足的資金，就先向父母借支，於是我就有了屬於自己的辦公室，這也是我人生第一次買的房子。

　　這邊要透露一個投資心法，我當初敢買比原先設定金額還高的房子，是因為我已經算過了，扣除我自己準備的頭期款還有跟父母借支的金額，其餘的貸款每月繳納本息不超過 5 萬元，當時受雇律師月薪一定會有 5 萬元以上，我心裡的盤算就是，買自己的辦公室，業務穩定就可以自己開業繳貸款，假如業務不穩定也沒關係，我隨時都可以去當受雇律師領 5 萬元月薪，一定夠付房貸，這樣就當買了一間房子也好。我的安排就是雙贏，順利的話有路，不順利的話也有路，幸好後來業務一直到現在都算穩定。所以投資一定要斟酌自己的能力，不能貿然全押，想要一把通贏，小心有時候可是會斷頭的。

【置產生涯的啟航】
　　從律師到包租公的百變人生

買房子靠機緣也要運氣

　　我買的辦公室就在新板特區周圍的民族路上，那個時候的新板特區還是一片空地跟好多矮房子，最高的兩棟建築物就是板橋車站，還有正在興建當中的台北縣政府。

　　那我當初買房子是不是就已經知道日後新板特區會有這麼好的發展？我必需摸著良心說，我不知道，要是這麼神，我當初就應該買漲五倍的汐止，而不是漲三倍的板橋了。

　　當時我只知道這邊離板橋車站很近，交通方便。至於新板特區，我是一路看著矮房子拆了，整地，然後用紐澤西護欄圍成一大塊一大塊的土地準備標售，才知道有這樣一個都市計畫。沒幾年的光景，平地蓋成了大樓，房價也跟著大樓長高似的同步拔地而起，我當初買辦公室一坪才十幾萬，到現在新板

特區裡面有些房子竟然喊到了每坪一百萬，實價登錄價格來到九十幾萬。我曾經跟朋友半開玩笑的說，板橋房價以前是一開頭，現在還是一開頭，只是從二位數變成三位數。

　　房價從二位數變成三位數，這是一件讓許多人痛苦的事，包括我也是。「你有房子房價漲也痛苦？」沒錯，我才不希望房價漲咧，繼續往下看你就會明白。

4 為了買車位當上包租公

　　神奇的還不止第一次買房剛好就買到辦公室隔局這一件事，當初介紹我買第一間房子的房仲知道我的辦公室沒有車位，某天來找我。

「律師，你辦公室不是沒車位嗎？隔壁大樓有間套房附
　　車位剛好要賣？你有興趣嗎？」
「車位我需要，但買套房做什麼？」
「套房可以出租，很划算呀！」

　　仲介帶我去看的時候，當場我愣了一下，這不就是當年我以六萬飲恨沒買到法拍屋的那棟大樓嗎？如今相隔數年，我又站在同樣的地方仰望那棟大樓，難道這是「命中注定~~~我要買」嗎？其實那一剎那，我差不多已經決定要買了。

　　當然，我瞭解一般套房附車位要出售比較困難，所以這間

　　房子也賣了一陣子，最後屋主同意車位幾乎是半買半相送的價位下，我買下了人生第二間房子。而為了不讓套房空著，我也聽從房仲的建議出租，因緣際會開啟了我包租公的生涯。

　　那時候還沒有 591，我是到奇集集去登租屋廣告。

　　一開始當包租公實在沒什麼經驗，當時也不懂得要布置房屋，反正前屋主交給我的房子我打掃了一下，隨手拍了幾張照片就上網張貼租屋廣告，你會看到照片裡就是一間空蕩蕩的房子，我打算房客要我買什麼家具再去買。來看的人稀稀落落，有人打電話我就去帶看，沒有集中帶看的結果，就是瞬時之間讓自己忙的像是無頭蒼蠅，那一次最後決定要租的是一位正在念台大的學生。

「你念台大為什麼要跑來板橋租房子？」我問：

「因為學校附近的租金比較高，房子又小，想在板橋找看看大一點的房子。」

「那你需要什麼傢具嗎？」

「房東，你大概買個床、衣櫥跟書桌就好了，可以幫我裝冷氣嗎？」

　　跟房客簽了約以後，我跑到家樂福買了衣櫥跟書桌，「家樂福？」沒錯，因為就像廣告說的「天天都便宜，就是家樂福」呀，然後又去附近傢俱店買了床架跟床墊，我記得彈簧床墊只花了一千五百塊，至於冷氣，因為辦公室有一間是專門放檔案的房間，前屋主裝的冷氣用不上，於是我請人拆回去洗冷氣，之後就把冷氣裝在這間套房裡，其實這樣還省了一筆安裝冷氣的費用。那時候的想法是既然當房東，花最少的錢便宜就好，但其實這幾年房東的經驗累積下來，我發覺這樣不對，我後面的十大租屋絕招會告訴大家更多正確的方法。

　　買下了附車位的套房以後，順利出租，第二年那位學生又續租。我的職業是律師，每天忙著寫狀紙跟開庭，除了刷存摺發現房客按月匯租金給我，有時候還當真忘了我還是房東的身分。當初買進套房的價位很便宜，所以兩年結算下來也累積了一筆不少的金額，算算投資報酬率還真不錯，而且，更棒的是，不管是假日還是晚上睡覺的時候，我的房子都繼續在幫我賺錢。

　　我一開始當房東並不是算好投資報酬率，設定物件價金跟租金然後再去買，說實在，是因為仲介知道我需要車位，所以介紹我買附車位的套房，不想讓套房空著所以出租，也就誤打誤撞開啟了我的房東生涯。另外，我一開頭說的律師大量錄取，其實在當年已經喊的沸沸湯湯，我自己在法律服務的場合，曾經遇到當事人跟我說他認識很多律師，還從口袋裡掏出一大疊不同律師的名片，看起來就像撲克牌一樣，我想這應該是他跟不同的律師做諮詢蒐集來的吧。會談結束，他跟我要名片我就沒給，我想，已經有那麼一大疊像撲克牌一樣的律師名片，超過 52 張都可以湊成一副了，也不差我這一張再拿去跟別人炫耀說他認識多少律師吧！這也讓我心生警惕，除了律師本業之外，應該要有其他穩定的收入。

　　一開始誤打誤撞開啟的房東生涯，讓我明白買套房出租，是個不錯的投資方式，而且平日除了一些修繕及定期招租找房客之外，幾乎不用花很多時間，不影響我的律師本業，至此之後，我就認真將套房出租作為我另外一個事業來培養。

捷運便利宅
要選黃金線

　　除了第一間套房是誤打誤撞買下來出租以外，從第二間起我就開始執行超完美的退休計畫，也就是慢慢攢錢買房子出租，用租金來取代我律師本業的收入。

　　我開始在想，要買在哪裡？房客會希望住在哪？大家都說捷運宅好，那麼多條捷運線，我要買在哪條捷運線上呢？

　　當時的捷運線不像現在這麼複雜，大概就木柵線、淡水線跟板南線，攤開捷運地圖一看，板南線一頭接著台北市政府信義計畫區，一頭接著台北縣政府新板特區，中間還經過忠孝復興、忠孝敦化等等黃金地段，而且我就住在板橋，為了管理方便，當然就選擇了板南線捷運站附近的房子。

　　既然決定買房子要跟著捷運站走，那時候我為了瞭解各個區域的環境，還特別去買了捷運一日券，從板南線的新埔到昆

陽，一站一站去觀察，到了每個捷運站就出站，然後用走路的
方式去觀察週邊大約 5 分鐘腳程範圍內的房子，以及周邊環境
等等，因為我想如果 5 分鐘腳程就可以走到的房子，對房客方
便又省時就會想租。

　　這邊附帶一提，雖然我已經選擇板南線來買套房，但之後
只要每條捷運線通車有免費試乘，像是蘆洲線、新莊線、信義
線，我就一定會去搭乘，趁機觀察每一站的環境，也省了一日
券的錢，看房子就是我的興趣，我買房子也看，不買房子時還
是會去看。我要建議很多想買房子的人，平常沒事也要多去看
看房子，買房子不是存好了錢才開始找房子，事前就要多瞭解
房市的狀況跟行情，靠自己親身實際走入市場去瞭解行情最
好，而且，房子看了可能不喜歡，喜歡的也不一定買得到，多
看才有機會找到適合自己的房子。

　　搭捷運一日遊，逛到環境不錯的地點，沿途附近有房仲的
我就去拿名片留資料，請他們幫我注意週邊適合的套房物件，
只要有適合的物件，房仲第一時間就會通知我去看，這樣幾年
看下來，大概房仲講建案名稱我就知道是哪一棟了。

「蔡先生，剛剛接了一間適合你的套房物件，要過來
　看看嗎？」

　　有一次房仲通知我在江子翠捷運站附近有個套房，距離捷運站大概 3 分鐘的腳程，但我去現場看，發現大樓右方有個小型變電所，上樓一看，抬頭就可以看到隔壁的陽台，竟然擺了幾個超大型狗籠，裡頭還養了幾隻大型犬，跟我四眼相望，我看這恐怕會影響房客的承租意願於是作罷。

　　這段時間，陸續還看了附近幾間夾層的物件，有一間夾層做得很好很穩固，甚至於連夾層的樓上也多增設了一間廁所，等於可以買一層住兩層，但礙於是夾層，考量適法性的問題最終也沒買。但看到現在市場上所謂的夾層只有三米六，一做夾層，上面不到一米八，幾乎只能蹲低當哈比人爬來爬去，當年看到的夾層可都有四米五，作了夾層看起來倒是像樓中樓，沒買還真有點後悔。

【置產生涯的啟航】
　　從律師到包租公的百變人生

6 買屋談判技巧

　　後來，房仲告訴我在新埔捷運站附近有一間大樓的物件，去看了一下，發現大樓面前有高架橋經過，高架橋本來應該是我要排除的物件，但上樓看房子屬於高樓層，而且從屋內陽台看過去的方位，是面向大漢橋，比較不受高架橋的影響。

「蔡大哥你看看，這個套房格局方正，還有獨立的廚房哦！」

「嗯，屋主為什麼要賣？」我問仲介。

「屋主之前是自住，現在結婚搬到新竹跟老公住在一起。所以你可以看到，屋主買的家具是一整套的，材質也不錯，屋主說通通留給新屋主。」

　　既然決定以出租作為投資的管道，房子能盡快出租就是最

大的目的，看著室內格局方正，家具也的確如房仲說的，材質不差，陽台視野絲毫不受高架橋的影響，重點是這棟大樓距離捷運站出口不到 30 秒。隔天我就付了斡旋金，請仲介跟屋主磋商買賣價格。

歷經幾次來回的出價，雙方價格還是有一些差距，某天晚上仲介約我到簽約中心跟屋主見面。那是我第一次知道，原來房仲除了店頭外，還有所謂的簽約中心。

來到新埔捷運站附近一棟大樓裡的簽約中心，房仲早早在那邊等候。

「蔡大哥，今天請你過來跟屋主直接面談，看能不能
　縮小你們之間的差距。」

「屋主來了嗎？」

「有，就在那邊，我同事在招呼，我帶您過去」

「喔，好！」

「來，我跟你們介紹，這是賣方林小姐跟她的先生，
　這是買方蔡先生。」

　　當然接下來就是商量雙方價格的差異，那時候根據仲介的回報，我跟賣方願意賣的價格還差了三十萬。

「蔡大哥，你看到遠一點的那桌其實也對這個物件有興趣，他們也有出價。」房仲這麼說。
「你不是已經收了我的斡旋，還可以讓別人出價嗎？」
「蔡大哥，沒錯，你是優先，所以我們今天請你來是尊重你，但畢竟如果你的價格屋主不接受，我們只好再讓別人出價囉！」

　　我想房仲是想要用另一組買方來讓我加價，但我也不是省油的燈，從事律師工作，經常處理車禍賠償的協商，所以我很清楚知道雙方對於價格來回拉鋸的差異，一方希望加價，一方希望減價，我在這趟要來之前就已經想清楚我最後加碼的底限，就如同我教導車禍當事人的那樣，所謂底限，就是我最後出的價格一定不會超過這個金額，假如開超過底限的價格，那就不叫底限了。我遇過有人在法庭上聽了法官的規勸，就簽下了和解書，之後卻又後悔想要撤銷和解，這當然不行呀，總不能說是被法官騙了吧？基本上不管是誰，重點是我們要把持住

自己內心的想法，不接受就不要答應，誰也不能逼你簽字，千萬不能一時衝動答應了又反悔。買房子類似這樣出價買了又反悔，之後又藉故要拿其他理由來解約產生的糾紛也不少，一定要注意。

「其實我不管有沒有另一組買方，我的底限就是再加十萬，得之我幸，不得我就祝福遠一點那桌的朋友了。」我這樣跟仲介說。
「蔡大哥，這樣要是買不到呢？房子挺棒的呢！」
「那就愛伊無著，祝伊幸福啦！」

幸好六萬塊的遺憾沒有再來一次，最後我買到這間房子，所以也沒機會確認房仲說的，所謂遠一點的那桌其實也對這個物件有出價，究竟是真的還是假的。倒是印象很深刻，那天談到將近十一點的時候，房仲告訴我萬一今天談的比較晚，回去已經沒有公車沒關係，他會幫我出計程車錢。結果那天談完也成交了，已經過了午夜十二點，還是我自己付的計程車錢，而且，那天這麼巧剛好是計程車費率要調漲的日子，除了夜間加乘司機還額外跟我多收五元，一直到現在我還記得。

上午交屋
下午馬上出租

　　既然這間套房家具什麼都有，而且本來就已經打掃的很乾淨了，我在簽約的時候就跟屋主商量，既然我已經付一大筆頭期款了，找一天由仲介陪同開門讓我進去拍照，交屋前我可以先登廣告招租，屋主也同意了。我記得這間房子是星期六中午交屋，因為我提前在七天前就先去登了租屋廣告，要來看屋的人我通通約在星期六下午，當天下午房子就租出去了。

　　所以，星期六中午交屋我才剛拿到前屋主給我鑰匙，下午我已經交給房客租出去了。如何用最快的速度把房子租出去變成我挑戰自己的遊戲，感覺也蠻有趣的。

　　這是最快出租的速度嗎？並不是，我也買過帶租約的物件，所以我甚至連鑰匙都沒碰過。

　　這也是一次特別的買房經驗，這間是位在捷運府中站附近的套房，斜對面就是公園，從窗戶看過去是一大片青翠的樹海，但缺點是沒有陽台。前後將近十年的時間在板橋附近尋找物件，發現房子不但越來越小，還從有陽台的看到沒陽台的，房價還越來越高。另外，這棟建築的一樓開了台式熱炒餐廳，晚上用餐時間較為吵雜，但原來的屋主是租給房客開公司用的，晚上餐廳開的時候，房客已經下班，所以比較沒有影響。不過假如開公司的房客日後搬離了，房子究竟是要繼續作為開公司使用的還是居住使用的？就是要面對跟思考的下一個問題。一般租房子作為居住使用的房客比較多，作為開公司使用的房客比較少，但房子換成是居住使用的類型，變成要有陽台會比較好，還有要一筆購買傢俱設備的費用，受到一樓台式熱炒餐廳的影響也會變大。

　　這間房子的優點是臨近公園的高樓層，雖然沒有陽台但室內很方正，還有上面我提到一樓台式熱炒餐廳影響的疑慮，『買』與『不買』？讓人煎熬的程度，絕對超越電視上日本的美食節目究竟要選哪一道。

　　當時板橋房價已經來到三十萬左右，這間房子因為有以上缺點所以我出價每坪二十出頭萬是合理的價值，最後還是買下並承接前屋主的租約，到現在房客公司經營穩定，租約固定一年一簽，從未搬遷，我算賺到現成的房東，所以到現在鑰匙都還沒碰過。

　　每個房子就像是個孩子有自己的故事，記得當初買這間房子簽約以後，一回到家上網竟然看到同棟二樓，正好是台式熱炒餐廳樓上的房子也要賣，說也奇怪，決定簽約前四處找物件比較也沒看到，簽完約馬上看到，而且，網路上的價格竟然比我剛買的價格一坪便宜五萬多，一間套房算下來可是差了幾十萬。我想，這會不會只是仲介釣魚的案件，於是打電話跟仲介約時間看房子，仲介當天就帶我去看，室內的隔局完全是一樣的，所以確定不是釣魚的案件。

　　我在想難道是在餐廳正上方，所以比較便宜？或者低樓層跟高樓層的關係？但是一間套房總價三百多萬就差了五、六十萬會不會差太多了？如果不是這間二樓賣的太便宜，那就是我買貴囉？頭一次買房子覺得自己買貴了，而且當時規劃的資金

也已經用完，沒有新的資金可以再買，但我一直盯著這間二樓什麼時候賣出去。事實上過沒幾天那個出售的看板就取下了，網路上也查不到這個物件，幾天後就看到裝上新的氣密窗，掛上出租的看板，看樣子是另外一個人買下來出租了，也許我沒有買貴，只是錯過一個超便宜的物件。其實我的心裡並不覺得可惜，投資本來就在自己的資金範圍內操作就好，勉強去擠出資金或挪用來投資，反而是件危險的事。

所以，沒有資金以致錯過好的物件也不能怎樣，但明明有資金，也看到不錯的物件，卻被人搶先一步，那心裡就嘔了，就像我說的，買房子靠機緣也要運氣。除了我因為差了六萬元沒有買到法拍屋那次，還有一次我在網路上看到一間很漂亮的物件，馬上跟仲介約好隔天一大早的時間去看屋，我準時抵達。

「您好，請問是蔡先生嗎？我是永慶房屋的小林。」
「對，那我們上去看看吧！」

出了電梯，發現房門開著，我們走進去發現有一位男士拿

掃把在掃地。

「小林，我房子剛剛賣掉了！」

　　原來，屋主委託好幾家仲介聯賣，在我來之前五分鐘已經確定要簽約了。我在現場拜託還是讓我繞一圈看看沒買到的房子。難道是失去了才懂得珍惜，我每次看著我沒買成的房子都覺得特別好。

　　雖然我經常看房子，藉此瞭解房市行情，但關於房價還是會受到之前既定印象的影響，導致錯過不錯的物件。像我之前提到過的，我在新埔捷運站附近買下旁邊有高架橋經過，距離捷運站出口不到 30 秒的物件，過了兩年左右，同一位仲介又介紹我正上方多二個樓層的一間套房，我馬上跟他去現場看。

「蔡大哥，這間房子跟你上次買的是一模一樣的位
　置，只是樓層多二樓，高樓層更棒。」
「嗯！」
「蔡大哥有喜歡嗎？」仲介問我。

「是不錯呀，但是上次我買的那間廚房有特別整理過，
　還有附整套傢俱，這間都沒有，假如買下了，我還得
　花錢，花時間整理。」

「所以蔡大哥的意思呢？」

「我上次買那間三百三，這間就減個十萬來整理，我出
　三百二。」

「可是蔡大哥，板橋這兩年房價漲很多，而且上回算你
　會出價，買的便宜呀！」

「我就出三百二，你跟屋主談談看。」

「可是這跟屋主的底價差好多，這……」

　　仲介收了我的斡旋金，但時間到了真的沒談成，過了幾天
仲介告訴我有人花三百六十萬買了。

　　我買整理好的房子花了三百三十萬，二年後別人花三百六
十萬買還沒整理過的房子，貴嗎？現在看來當然一點都不貴，
因為現在的房價大概要乘以二，不過投資就是這樣，事後諸葛
並不能幫助每個人在當時能夠做出正確的判斷，我就是受到之
前房價既定印象的影響，導致錯過不錯的物件。

8

不必追求一百分的房子

　　從以上我買房子的經驗，大家應該可以發覺，要找到剛剛好符合自己當時心裡預期一百分的房子，其實並不容易。我本來想買法拍屋，只因為六萬元的差距因而擦身而過，結果碰上公司遷移大陸的辦公室要出售，坪數幾乎大兩倍，價格跟自己的預算有相當大的差距。之後又碰上高架橋旁邊的房子，優點就是距離捷運站出口不到 30 秒。之後又有公園旁，景觀漂亮，可偏偏樓下是台式熱炒餐廳的套房，假如當時我通通要求一百分，那就應該通通不要買，事後來看保證後悔不已。

　　其實我當律師完全能體悟到一個道理，這個世界本來就沒有絕對完美的選項，尤其是當事人遇到法律問題來諮商，我能建議當事人的，往往是在通通都有缺憾的選項中，選擇比較不痛的那一個。「難道都沒有完美的選項？」你想一想，要是有完美的選項存在，當事人還需要問律師嗎？

　　買房子何嘗不是如此，沒陽台的、台式熱炒樓上的、高架橋旁邊的房子都有缺點，但既然決定要買了，就拿這些因素來當作殺價的籌碼也不錯，沒陽台的砍個十萬、台式熱炒樓上的砍個三十萬、高架橋旁邊的砍個二十萬，有些砍完買得到，要「歡喜甘願」，有些砍完買不到，也只能「愛伊無著，祝伊幸福」。看房子我一定會看清楚優點、缺點，缺點除了拿來當作殺價的籌碼，日後這些缺點衍生的負面效應我認為是能夠承受的，我心裡也有準備面對發生的可能性的，如果價格合理、划算，還是可以買。假如買房子每個條件都要求一百分，以我這些年買房的經驗回顧，恐怕會孤苦伶仃，永遠找不到適合的對象呀。幸好我當年審慎評估，還是買下這些雖然有些小缺點，但整體來說還算是不錯的房子。

　　當然，所謂把缺點拿來當作殺價籌碼，日後衍生的負面效應心裡有所準備能夠承受的，這是個人選擇的問題，像是凶宅、輻射屋、海砂屋、傾斜屋、火燒、地震受損的房屋，我可是不碰的。

9 不必苛求
一定要買到最低

　　投資要低買高賣大家都知道，但卻很難做到，像是很多人在股市裡常常股票買了開始跌，跌到受不了賣掉卻又眼巴巴看著股票開始漲，『做多被殺，做空被嘎』，於是害怕虧損以至於遲遲不敢下手，永遠要等最低價，結果不買但股票卻是硬漲上來給你看。買房子也是一樣，你看過去有多少人一直想要買房子，卻認為房價太高，買了會跌所以不敢買，結果房價一路漲到現在。假如將來房價真的下跌，會不會大家還是不敢買呢？

　　這邊我提出一些看法，其實，不要想要買在房價的最低點，那很難，而且，最低點出現當時根本無法判斷，一定要事後出現高點才能確認那個是低點，所以，低點是事後才能確認，不必苛求房價一定要買在最低點，只要買在房價相對的低點就可以了。

　　我很喜歡將股市判斷趨勢的標準運用在房市上，下跌當然是尋找買進最好的機會，但不能一下跌就買進，這就好像接天上掉下來的刀子，小心指頭斷光光，應該要在下跌整理過後，也就是價穩量縮的時候買進。

　　當市場上通通都是利多的消息卻漲不動，大概離高點不遠了，而低點正好相反，當市場上負面消息一堆，可是價格卻再也跌不下去，這時候離低點也不遠了，就是相對的低點，可以考慮買進。

10 不動產經紀人榜眼
證明專業

當包租公幾年下來，自己累積了相當多的心得經驗，但是像這樣一路以來靠自己摸索，還要從錯誤中學習的過程真的很累，於是慢慢把長年累積下來當包租公點點滴滴的心得，寫成『612 lawyer，一個律師的投資告白』部落格來分享。但說句實在話，我心裡一直有一個疑慮，當別人知道律師從事投資時，會不會覺得律師不夠專業？為了明正言順，於是我在民國一零一年決定去參加不動產經紀人的考試，既然是為了要『正名』來證明自己的專業，當然必須奮力一搏，不能只是考上而已，心裡有個念頭，我要拼榜首。

不動產經紀人考試的科目包括民法概要、不動產經紀相關法規概要、土地法與土地相關稅法概要還有不動產估價概要，除了不動產估價概要，其它大概都是從事律師工作日常業務會接觸的範圍，但畢竟要參加考試，而且心裡想要拼榜首，當然

要好好準備。平常律師的工作要開會、寫狀紙、開庭已經夠忙了，只能利用餘暇好好 K 書，從二個星期看完一本，到一個星期看完一本，到一個星期看完好幾本，到一天看完一本，考試前一天，我已經可以快速把所有範圍都看過一遍，所以考完試的時候，說實在也累翻了，但自己覺得節奏抓的還不錯。

到了放榜那天，我一眼就看到自己的名字就在榜單中間的位置，說實在心裡有點震撼，當初心裡想要拼榜首只是鼓勵自己，認真講哪有把握，但考試結果還真的跟自己設定的目標只差一點而已，所以我要鼓勵大家，做任何事情都一樣，拼的是你的決心，不要輕易放棄。我用國考榜眼的成績來證明法律沒有白念，在不動產這個領域我也有專業的證照，這樣我心裡比較踏實，我既有律師執照，熟悉不動產相關的法規，也經過不動產經紀人考試及格，就可以放心跟各位分享當房東的所有秘訣，這當中也包含很多我自己購屋的技巧，現在許多想要購屋自住的人同樣可以參考。

人生其實處處充滿機會，永遠存在著契機等待你去發掘。像是參加不動產經紀人考試，我到了考場才發現，竟然前、

後、左、右通通都缺考，後來我查了一下數據，這次考試總共有 9821 人報考，但只有 4817 人到考，也就是有超過 5000 人報名了卻沒來考試，沒來考試的人竟然比來考試的還多，而且看統計資料原來歷年的缺考率都很高。以 101 年考試及格率百分之二十幾來說，這應該是很高的錄取率，說什麼也應該上場拼一拼再說吧，怎麼大家連考試的機會都放棄了呢！

問了當不動產經紀人的朋友，原來，參加考試的人大部分都不是念法律系，可是不動產經紀人考試科目卻以法律居多，說實在話，一般人看到一堆法條，拿起來真的會想放回去，還有人跟我說得更貼切，看到法律就想睡覺，所以不是不想念，而是念不下去，既然沒念書所以報了名乾脆就放棄了。我就在想，應該要有人把法條用不同的方式整理成有趣的內容，將艱澀的法律簡單呈現，這不就正好是法律人擅長的，也是我能發揮的專業嗎？加上我也有實際參加考試的經驗，累積了一些秘笈跟心得，這個工作我有信心，就由我來完成。於是，我又計畫撰寫一系列不動產經紀人考試用書，目前民法概要已經出版。

　　任何事情都是從零開始，但是要有起步才有成功的機會，我從來不是只會開口抱怨的人，寧可捲起袖子親自動手去做，是好是壞都是一種成長。從我擔任律師，之後因緣際會當上房東，參加不動產經紀人考試後還能出版一系列的考試用書，在此我要藉由自己的故事鼓勵讀到這本書的人，不管你想買房子自住，還是想當房東，一定要相信自己，認真規劃，努力去打拼，我相信大家都能做到的，加油！

　　當然，接下來我要跟大家分享一千萬的退休計畫，還有許多買房跟當房東的技巧。

第二篇

一千萬退休投資術

【房產財富的智慧】

　　從需要車位買下第一間套房，因緣際會開啟我的房東生涯開始，讓我明白買套房出租是個不錯的投資方式，於是我開始認真將套房出租作為另外一個事業來培養。

　　回頭算了算買第一間附車位的套房，只花了二百八十萬，當初繳了一百萬左右的自備款，所以貸款約一百八十萬，因為是剛開始當房東，沒經驗，房屋的各項設備較為陽春，有些像是衣櫥、書桌還是「天天都便宜，就是家樂福」買的，所以僅收租金九千五百元。房客繳的租金拿來繳本息大概還不足二千多元，不過這間套房有停車位可以停，也因此省下停車的費用三千元，一來一往算是打平。

　　既然用一百萬頭期款就可以買一間房子，而且之後幾乎是拿房客繳的租金來繳本息，等於房東只繳了約三分之一的頭期款，後面三分之二的房價都是房客用二十年的租金去繳本息，繳完房子是房東的，這給我很大的啟發，我的心中開始醞釀超完美一千萬的退休計畫。

　　假設可以每兩年存一百萬頭期款買下一間出租套房，二十年的時間總共可以買下十間套房，算算不過才花了一千萬。到

了第二十年的時候，第一間套房的房貸本息已經靠房客繳納的租金完全繳清了，以後每兩年都會有一間繳清房貸的套房，其實只要繳清五、六間的房貸，就有五、六間出租套房全額的租金可以花用，應該已經生活無虞，等到十間套房通通繳完房貸，每個月都可坐收十間套房的淨租金，這樣就是超完美的退休計畫。

假設大家合買一項物品，最公平的方式當然就是按照出資比例來分配，但如果有人實際出了三分之二的錢，最後東西竟然是屬於只出資三分之一的人，你會說天底下怎麼有這樣的事情，對不對？可是從以上算給你看的例子，只付了三分之一頭期款的人是房東，用租金繳了三分之二房價的是房客，結果最後貸款繳清，房子卻是屬於只繳三分之一的人的，真的就是這樣呀。

只要繳納頭期款，其他都是靠房客所繳納的租金來付清房貸，這就是包租公的『一千萬退休投資術』。沒有人天生就是房東，也沒有人註定永遠是房客，有居住需求的人，從包租公的『一千萬退休投資術』的觀念裡也要想一想，究竟是要買自住的房子，還是一輩子都要租房子替別人繳房貸？

Part 1

買房好還是租房好？

　　這就是網路上引起很多人討論的問題，到底是買房好還是租房好？

　　前面我說過，只要一百萬頭期款就可以買一間房子，而且幾乎是拿房客繳的租金來繳本息，等於房東只繳了約三分之一的頭期款，後面三分之二的房價都是房客用二十年的租金去繳本息，繳完房子卻是房東的。所以，一輩子都租房子這樣對嗎？

　　當然我知道房價有高有低，房價不可能永遠維持在一百萬頭期款就可以買一間房子的程度。我是這麼看的，以現在這麼高的房價，不用說，當然是租房子；但如果以一輩子的時間長遠來看，當然是要買房子，只是要選擇適合的價位再進場。所以，到底是買房好還是租房好？這個問題不是一個標準答案，

誰說一輩子只能選租房子或買房子，選了就不能改？我不贊成一輩子租房子，房價適中的時候還是要買房子。

一、買房投資或自住要考慮的問題

在當前房價這麼高的情況之下，到底適不適合買房子呢？所謂房價適中又要如何判斷呢？我認為可以觀察這幾個現象。

第一，有投資股票的人應該知道，當所有的人一面倒都看好通通喊多時，恐怕股價已經到頂，當利多一堆，股價卻不再上漲時，代表利多出盡，也就是股價即將反轉向下，近期以來的房市讓我嗅到這樣的味道。在房地產市場素來有『空頭總司令』稱號的政大地政系教授張金鶚，現在擔任台北市副市長，之前曾經在媒體表示，如果是自住需求，而且手上資金也不是問題，那麼蛇(2013)年會是很好的進場時機，因為今年萬一沒買而房價上漲的話，那麼帳面上的損失是很大的。

市場上有人看多，有人看空，這倒也正常，但當一向看空的人卻要大家進場，還說萬一沒買而房價上漲的話，那麼帳面上的損失是很大的，這樣看來，市場上似乎已無人看空。當全部的人通通看好，這會不會呼應了股市的現象，所有的人一面倒看好時，恐怕股價已經到頂，這是要觀察的第一個現象。

其次，當大台北的房價漲到一個程度，大家開始用比較的心態，說中南部會補漲，這也好像是股票市場一樣，同一族群的股票，績優龍頭股漲了以後，就會帶動落後的股票補漲。但我認為，台灣各區域對居住的需求、供給大不相同，觀察各縣市淨遷徙人數來說，台北是增加的，台中是增加的，但高雄卻是減少的，大台北的房地產具有的漲價條件，中南部未必有，這種齊頭式的補漲有道理嗎？而且要注意所謂的補漲，以股票市場來說，當出現補漲的現象時，這是群魔亂舞，往往已是漲勢的末端，補漲的股票也容易被打回原形，回到起漲點，追高不可不慎，這是要觀察的第二個現象。

再者，根據近來房地產的調查統計，普遍出現量縮的現象，以股票的觀念來說，當價格上漲，量卻沒有跟上，本來價格就是可以操控的，但量必須靠白花花的銀子紮紮實實的買出來，所以不能只看價格，要觀察量才能知道是漲真的還是漲假的，像這樣『價漲量縮』，明顯就是背離、虛漲的味道，要小心這會不會是『假突破真拉回』，這是要觀察的第三個現象。

回想當初我在 SARS 時期買的房地產，現在看來當然是

成功的投資，但當時可是一點好消息也沒有，跟現在喊著補漲的氛圍大不相同。將來你可以觀察，當好多人繼續喊著房地產的好消息，說無論如何房地產就是繼續漲，聲音越來越大聲，但房地產的價格卻未跟著上漲，那恐怕房地產就要起跌了。

　　基於以上的理由我認為，現在房價確實偏高，買來出租也不划算，因為以現在的房價進場，投資報酬率根本不可能達到4%，而且當房東還要替房客修理東西，電視，冷氣壞掉換新，一花就是上萬元，那還不如選一些穩定收益超過 5%的股票、基金還來的輕鬆一點。至於房客也可以用少少的租金就住在相對房價較高的房屋裡，因為現在房屋出租的投報率真的很低，租金相對便宜，房客其實也很划算。那我為什麼還說，一輩子還是要擁有屬於自己的房子呢？除了不能一輩子租房子替別人繳房貸外，畢竟房子是租來的，租約到期房東要你搬就得搬，我當律師就處理過房客花了幾十萬裝潢，結果被房東趕跑的案例。

　　畢竟居家風格代表一個人的品味，誰不想住在自己夢想的房屋規劃、格局裡？只是現在的房價很高，所以許多人只能選

擇租屋居住，但要租到一間房子的裝潢、格局剛好也符合自己的風格，實在不容易，於是現在出現一種趨勢，就是房客跟房東租房子以後，自己出錢裝潢。

但是房客裝潢房子也要花上一筆不小的費用，萬一花個幾十萬甚至上百萬裝潢好卻被房東趕跑該怎麼辦？還有房子裝潢好，房東亂漲價怎麼辦？房東將來回過頭來說不同意裝潢又該怎麼辦？房客需要回復原狀嗎？房客搬家的時候可以跟房東要回裝潢費嗎？這些都是房客準備跟房東租房子自己裝潢以前，需要先瞭解的事情。

首先，避免將來被房東隨意趕跑或任意調漲租金，當然不能一年一簽，而是要簽定長期的租約，同時把租金約定好。房客願意花錢把房子裝潢得更漂亮，簽定長期的租約，房東可以省得老是花時間找房客，暫時也不會有閒置期，這是利人利己，兩全其美，房東應該不會不願意。只是要簽多久的租約？三年？五年？十年？如果照法律的規定，租約最長的期限是二十年，但我想不會有房客想要一簽就是二十年的租約吧，所以簽個五年左右的租約，應該是適宜的。

　　除了租約的期間，重點就是租金也要在租約裡頭清清楚楚約定好，看是固定的租金，在租約的期間內都不能變動，或者每年按多少的比例調整，這都要在裝潢前講好、白紙黑字明明白白寫好。只要是定有期限的租約，縱使因為房屋價值的升降，任何一方，都不可以聲請法院增減租金。

　　同時在租約裡，還要註明房東同意房屋由房客自行裝潢，裝潢過程房客也可以適度跟房東一起參與、溝通、討論，如此都可以避免爭議。在這裡要特別注意的事情是，租的房子有問題，像是漏水、馬桶不通、水龍頭壞掉，通常房東要負責修理，但是房子經由房客自行裝修以後，要是出問題該由誰負責恐生爭議，最好還是在租約裡寫清楚，房屋雖由房客裝潢，但房屋有問題，依然要由房東負責修理，對房客比較有保障。

　　既然房屋是房東同意房客裝潢的，當然會增加房屋的價值，將來租約到期房客不租了，就可以請求房東償還依租約到期當時現存增加的價值。不過與其等租約到期再來爭議那個時候到底裝潢還剩下多少價值，倒不如在簽訂租約時雙方就註明清楚三折、二折等一定的比例或金額，應該會更好。

　　當然，不管幾年的租約還是會有到期的一天，到期以後房東要如何調整房租，房客自己心裡也要有所準備。那會不會簽了五年的租約，過個兩年，市場普遍的租金都往下掉，房客不就吃虧了！真的這樣也只能歡喜甘願啦，固定租金當然有可能碰上市場租金水平下降的風險，沒有一件事情是只有優點沒有缺點的，就像我當律師常常跟當事人說的一句話，通常擺在我們面前的不會有一百分的選項，你只能選擇你認為將來損害比較小的那一個囉。

　　房東為什麼可以把房客趕跑？因為房東有權狀是所有權人，可是三分之二的房價根本是房客用二十年的租金去繳本息來的，你可知道房客與房東究竟差在哪裡？

▌房東跟房客的差別只是頭期款而已

　　如同前面說過的，我買下第一間附車位的套房，花了不到三百萬，頭期款大概一百萬左右，一開始房客每個月匯的租金還要墊一些錢才夠繳本息，但之後買進的物件隨著設備增加租金慢慢調整，房客每個月租金拿來繳本息都還有剩，所以，除

了一開始我繳的頭期款，整整二十年的房貸幾乎都是房客繳的，但繳完房子是我的。當然，一定有人會想，房子出租有這麼容易嗎？總有閒置期吧？所以我在後面的章節會教大家當房東的十大絕招，包括用『三天快速出租法』來縮短閒置期，這可是我累積十多年的精華。

所以，看出來了嗎？繳得起百萬頭期款的是房東，繳不起頭期款的是房客，但整整 20 年的貸款，也就是三分之二的房價根本是房客用租金繳清的，可是房子卻是房東的。所以簡單講，房東跟房客的差別，不過就是頭期款而已，付得出頭期款的當房東，付不出頭期款的只能租房子替別人繳貸款。

只要準備好頭期款，等待房價適中的價格，就可以買屬於自己的房子。在此我要鼓勵許許多多還在租房子的房客，看清楚這個問題，當房價適中的時候，就算還沒有能力買房出租，至少要當聰明的屋主，買屬於自己的房子。沒有人注定永遠當房客，房客也可以晉身有房一族，進而變成房東。至於何謂『房價適中』的標準，讓我們繼續看下去。

▋ 房價適中與多空時機的判斷

　　無論是自住型或是出租型的房子，都要在房價適中的時候買進，我知道在現在房價高漲的時候說房價適中，聽起來好像是神話，但如果有人說房價永遠不跌那才是神話！你看之前黃金下跌前不是有許多人看到每盎司二千美元，但就在眾人看多之際卻下跌到只剩下每盎司一千二百美元，而股票漲漲跌跌更是常見，哪一樣資產只有漲沒有跌？房價怎麼可能永遠不跌。

　　那未來怎麼看房價適中呢？不管自住型或是出租型的房子，我認為可以用租金的年投資報酬率來判斷，當租金年投資報酬率有 4%以上就是適合的房價。

　　當租金的年投資報酬率越低，也就代表租金相對便宜，所以房東越難當，除非早早便宜買進的房東，如果像現在這麼高房價進場的房東根本不划算，普遍來說投資報酬率不到 2%，如果以投資報酬率 2%來算，1 坪 30 萬，總價 360 萬的房子，每個月只能出租收租金 6,000，但以七成房貸來計算本息卻要繳一萬多元，也就是租金根本繳不起房貸，這時候大家可以選擇當『聰明的房客』，其實是占房東的便宜。

　　但當租金的年投資報酬率高於 4% 以上，例如 1 坪 30 萬，總價 360 萬的房子，你去租每個月要花租金 12,000，假如是買房子，除了要準備自備款，以七成房貸來計算本息也差不多繳一萬多元，這時候你就要選擇當『聰明的屋主』，努力準備一百萬出頭的自備款，寧可再貼一些拿來繳房貸，不只 20 年後房子是你的，這 20 年當中你住的可是自己名下的房子啊，愛怎麼裝潢隨你高興，也不用害怕房東亂漲租金或趕人。

　　當然，我還要鼓勵大家，當租金的年投資報酬率高於 4% 以上，除了要買屬於自己的房子當『聰明的屋主』外，能力允許的話要繼續打拼，買房出租當『聰明的房東』啦。

　　只要用租金年投資報酬率 4% 的標準來判斷，這樣你就知道什麼時候要當『聰明的房客』，占房東的便宜，什麼時候要當『聰明的屋主』或『聰明的房東』了。

千金難買早知道，房價下跌要敢買

　　投資要低買高賣大家都知道，但卻很難做到，像是很多人在股市裡常常買了股票開始跌，跌到受不了賣掉卻又眼巴巴看著股票開始漲，『做多被殺，做空被嘎』，於是害怕虧損以至於遲遲不敢下手，永遠要等最低價，結果不買但股票偏偏就是硬漲上來給你看。買房子也是一樣，你看過去有多少人一直想要買房子，卻認為房價太高，害怕買了會跌所以不敢買，結果房價一路漲到現在。假如將來房價真的下跌，會不會大家還是抱著同樣的心態，永遠在等最低價而不敢買呢？

　　我當律師有個體會，人往往在有機會做決定時猶豫不決，當機會錯過了又會悔當初沒有決定。還記得之前我說過買第一間房子也就是辦公室的經驗嗎？當初坪數、金額都遠遠超過我原先的規劃，我當時用的方法就是不要讓貸款每月本息超過當受雇律師領的 5 萬元，假如自己開業不順利，至少我可以去當受雇律師，一定夠付每月的房貸，有退路了我就勇敢買下去，因為我非得有一間辦公室不可，以投資的角度來看，結局當然證明是成功的，當時雖然我也不知道結果會是什麼，但至少我

確定繳房貸是一定沒有問題的。又例如我從九十八年以後認為房價太高，當房東投資報酬率划不來就不再買進新物件，結果板橋房價還是從三、四十萬一路漲到七、八十萬，從結果來看，當時沒買是錯的，我少賺了一大筆錢，但我當初評估有風險所以沒有進場買進，這本來就不是我賺得到的錢。

　　從以上的經驗我想告訴大家，沒有人是神，可以清楚確定現在買進與否，日後結果會是怎樣，當下也只能盡其所能做自己的判斷，有把握的投資就做，認為有風險的就放棄。當然，以現在房市種種的現象的觀察，我認為房價有過高的跡象，所以我在等，等什麼呢？當房價下跌，或是租金水平提高，假如租金又可以達到年投資報酬率高於 4%以上時，我就會再進場買進新物件來出租。

　　至於房價這麼高，很多想要買來自住的人現在一定也在等房價下跌，那房價跌到什麼程度可以買呢？其實也可以參考我所提出的租金年投資報酬率高於 4%的時候就可以買進。至於買進以後，房價萬一下跌怎麼辦？當然有可能下跌，但既然是自住型的房子，除非換屋不然也不會出售，房價下跌有關係

嗎？以換屋來講，當買了一間自住的房子，日後要換屋，可能房價是上漲的，原來的房子可以賣比較多錢，但房價上漲，買新房子也會比較貴，假設房價是下跌的，原來的房子可以賣的錢比較少，但房價下跌所以買新房子也會比較便宜，應該也沒差。

當租金年投資報酬率高於 4%的時後，自住型的人要衡量自己的能力，你要考慮的應該是每月貸款多少是自己能力能負擔的，然後依此來決定買房子的總額，辦了貸款就等於把貸款金額固定住，確認要繳納貸款的總額，當然也要考慮日後升息的因素，繳完房子就是你的，至於房價漲跌只要不賣的話根本與你無關；如果在自己能力所及的時候不買房子，繼續等房價跌希望有更低點，萬一房價又上漲，像這幾年房價漲了好幾倍，不但頭期款變多貸款金額也增加，最後根本繳不起也買不起房了。所以，一定要趁房價下跌的時候，衡量自己的能力，勇敢買進。

二、買房出租不用擔心的問題

▰ 收租賺的是「租金」，與房價漲跌無關

其實投資不動產像養小鴨一樣，將房子出租就可以產生一定的收益，這就好像養一隻會下金蛋的鴨，鴨就是房子，金蛋就是每個月收的租金，胖鴨就是房價高，瘦鴨就是房價低。市場資金就是鴨的飼料，資金多鴨容易胖，資金少鴨只好減肥了。建商是孵小鴨的人，買房子就是買小鴨來養。還有，地段就是鴨的品種，有些鴨怎麼樣就是養不肥，那就是品種有問題啦。

買房出租是長期投資，收的是金蛋；買房賺價差則是把鴨養肥後就賣掉，這是二種不同的投資觀念。

我選擇的是買房出租，所以重點是金蛋，至於房價在一定程度之內漲漲跌跌就好像鴨變瘦或變肥，那不是買房出租關注的重點，唯一例外的是，如果房價跌的太厲害，就好像鴨都快要死了，那你當然要做處置，以免賺到租金卻賠了房價。

當然最好的是，已經收了一堆的金蛋，鴨還變的超肥，那真是太棒了。

房價漲幅高，租金變異小

這幾年房價的趨勢大家一定很清楚，一路向上，漲個二、三倍都有。至於租金呢？房價漲個二、三倍，那相對租金也應該漲個二、三倍才合理吧！可是以我當房東的經驗來說，這幾年的租金幾乎是維持在相同的水準，所以租金的年投資報酬率才會從高於 4%到現在連 2%都不到。

為什麼會只漲房價，不漲租金呢？畢竟不是所有的房子都是買來出租，有些是買來自住，有些是買來投資轉賣賺價差，所以，雖然租金不漲，對投資轉賣賺價差的人來說根本沒差，就算鴨子下的蛋變小了，但只要鴨子變得又大又肥，轉賣秤斤秤兩還是能賣個好價錢，房價自然還是有上漲的空間。

未來房價跌，租金不變的收益率更高

　　難道我有房子，不希望房價一直上漲嗎？既然我是當房東以收租為主，又不賣房，房價上漲好像沒什麼用處，反而因為房價一直上漲，投資報酬率不高所以無法買進新物件，這樣何必呢？所以雖然我有房子，但我反而希望房價是維持在合理的水平比較好，房市也會比較健康。

　　延續上面說的，如果是設定低價買屋高價賣屋賺價差，也就是把鴨養肥後就賣掉的人，他會希望房價上漲，因為他賺的是資本利得，但像我是買房出租的人，我要的是鴨蛋，房價越高，代表買鴨的成本變高，我的投資報酬率就越低，等於鴨蛋變小了，我反而希望房價下跌，讓我能以合理的價格買進房屋，投資報酬率反而更高，每月可以收取固定的租金創造現金流，當現金流可以 cover 我的生活支出，就達成財富自由了。

　　其實，這跟股票投資也是同一個道理，長期投資賺股息的人，會希望股價不要太高，才能買得更多；短期進出想要賺價差的人，才會希望股價越高越好。

　　所以，買房出租一定要趁房價下跌，但要斟酌經濟能力，也不能跌越多買越多。為甚麼不能跌越多買越多？舉例來說：用一百萬自備款加上貸款二百萬，買了一間三百萬的房子，出租後每月租金一萬二，拿來付房貸剛剛好，在房價上漲的時候，也許五年後這間房子就漲到五百萬，光房價上漲就足夠還清房貸。所以，可以選擇繼續坐收租金，讓房客繳租金償還房貸；或者選擇把房子賣掉，得到價金五百萬，因為房客已經還了五年大約四分之一的房貸，所以房貸只剩下一百五十萬，也就是扣掉房貸還可以實拿三百五十萬。最初只花了一百萬，五年後拿三百五十萬回來，這是房價賺租金也賺，難怪這些年房價上漲讓大家趨之若鶩。

　　那如果房價下跌呢？一樣用一百萬自備款加上貸款二百萬，買了一間三百萬的房子，出租後每月租金一萬二，拿來付房貸剛剛好，但五年後房價只剩兩百萬，假設這時候把房子賣掉，卻只得到價金二百萬，因為房客已經還了五年大約四分之一的房貸，所以房貸只剩下一百五十萬，扣掉房貸你只能實拿五十萬，最初你花了一百萬，五年後只拿五十萬回來，而且雖然房客償還了五十萬房貸，但房價竟然賠了一百萬，這是賺了

租金賠了房價，套句股票的術語叫『賺了股息賠了價差』，所以結論倒賠了五十萬。

也許那有人會說，不賣就好啦，繼續收房租，讓房客繼續付租金繳納房貸。但既然房價是下跌的趨勢，天知道二十年後等房客付的租金繳完房貸時，房價還剩下多少。尤其是為了放大槓桿效應借錢買房，當資金吃緊時也容易被迫賣房斷頭出場。

所以，房價上漲時適合借錢買房子，但房價下跌就未必啦。房價上漲的時候人人勇於買進，光房價上漲的價差還貸款都綽綽有餘，但房價下跌就不是這樣囉，賣掉不但要還貸款，還會侵蝕到本金。

所以房價下跌固然出租投資報酬率比較高，但也要考慮房價的損失，視自己的經濟能力，量力而為，進可攻退可守。千萬不要跌越多買越多，沒錢還借錢來買，當貸款、債務超過經濟能力的臨界點，那買房子跟買股票一樣，也是會被斷頭的。

【房產財富的智慧】
　　一千萬退休投資術

Part 2

不動產 -「不動」也有收入的退休計劃

一、 創造自己的 18％

　　過去公務人員最讓人羨慕的就是有 18%的優惠存款，其實根本不用羨慕，當房東就可以創造屬於自己的 18%。

　　例如以我買的第一間附車位的套房來說，現在來結算出租的成果，當時的購屋成本扣除車位約為二百二十萬，目前已經出租十年，包括十年內租金由九千五百元最終調為一萬三千五百元，大概收了一百二十萬元的租金，換言之，我的購屋成本只剩下一百萬元，但我每年繼續收十六萬二千元的租金，投資報酬率 16.2%，再過幾年，我也會有人人稱羨的 18%。

　　這還沒有算進去房價的漲幅，板橋當時的房價一坪才十幾萬，現在有些房子是當初買價兩個數字倒過來還不只，房價又讓你賺更多。

二、 只要黃金地段，不要 K 金

　　首先要先澄清一下，不要誤會，我不是要大家去買黃金，我只是做個比喻，意思是說，買不動產還是要買真正的黃金地段，不要為了便宜而去買 K 金地段。

　　這幾年房地產大漲大家是知道的，你應該聽過一種說法叫做比價效應，像南港一坪幾萬，汐止就在旁邊，一坪該幾萬，照這個邏輯推演下去，那乾脆照台鐵各車站來比較，五堵該幾萬？七堵該幾萬？八堵該幾萬？基隆又該幾萬？最近報章媒體還真的重點報導基隆的房價。順著比價效應的邏輯，又會有另外一個說法，叫作補漲，還沒漲的地方以後會漲，所以現在趕緊買。不過房地產要是真能用所謂的比價效應來選擇，那台灣頭到台灣尾，哪一個地方不能買？但，是這樣嗎？

　　我曾經爬上觀音山的硬漢嶺，順著淡水河看過來，整個大台北還真是滿坑滿谷的房子，最末端現在看起來還是一片相對比較空蕩蕩的土地，也就是淡海新市鎮的位置，這也是最近報章媒體重點報導的位置。我覺得現在想要買房子的人，可以爬

一趟硬漢嶺，運動健身以外，順道站在高處看看大台北盆地那滿坑滿谷的房子，然後想一想你應該買在哪裡？比價效應對嗎？真的會有補漲嗎？為什麼現在炒的都是邊邊角角的區域？居高臨下不但可以看得更清楚，也可以把事情想得更清楚。

　　到底有沒有比價效應，會不會補漲，我說有，但據我的觀察，通常報章雜誌喊出比價效應、補漲的時候，其實房價早就已經反映了，所以等你看到才去買，買到的會是已經補漲以後的價格，而且買了以後不見得會繼續漲。通常用這種比價效應買到所謂比較便宜的房子，地點較為偏遠，也就是必須花比較多的通勤時間。你想像一下，假日搭一趟捷運從台北車站到淡水去玩，沿途還能欣賞美景，回程還能看看夕陽是不錯，但如果是上下班時間，天天搭個二趟，說實在真的有點遠，花的時間也有點長，這樣會不會有人想把房子賣掉搬走？那麼房價容易維持得住嗎？或者自己搬走把房子出租，但是自己都嫌遠了，房客願意租嗎？如果房客不願意租，出租不易，那麼房價還會維持得住嗎？套用股票的邏輯，房地產不景氣相當於股票大盤下跌，漲勢的末端，就是那些所謂補漲的股票發威，但最終跌最慘的，往往也就是那些所謂補漲的股票。

　　所以，我認為買房子第一重要的是地段，千萬不要因為所謂的比價效應、補漲，就買到偏遠的地方去，記得只要黃金地段，不要 K 金呀。

投資不犯罪
只要有繳稅

一、「22K」怎麼辦

　　這些年台灣什麼都漲，薪資不漲也就算了，甚至還倒退，也衍生出 22K 這個熱門的話題。的確，如果要在『天龍國』台北生活，別說買房子，光租個房子，22K 的薪水已經去了一大半，其他還要吃飯、治裝、繳手機費用，搭捷運上下班一天二趟算下來也不便宜，開車更誇張了，我記得民國九十年我開始開車時一公升九五無鉛汽油才十九塊，現在足足快漲了兩倍，而且台北停車大不易，如果住家跟上班地點都要租個車位，再加上平常保養車的費用，那恐怕快比買車還貴了。所以，現在不是只有 22K 買不起房子的問題，再下去恐怕連租房子都有困難。

　　難道只有一般上班族才有 22K 這樣的問題嗎？不，還記得前面我說過，這幾年律師大量錄取，每年錄取八、九百個律師，號稱「千人大軍」，媒體上也出現「流浪律師」的報導，另外像是醫師、會計師、建築師等等平均薪資也都大不如前，所以現在不只一般上班族有 22K 的問題，就連專業人士都面臨嚴峻的挑戰，工作收入降低是一個普遍的現象。

　　相對於工作收入降低，房價卻是連年翻漲，於是高漲的房價變成全民公敵，不只政府積極推出各項打房政策，民眾也拍手叫好。的確，相對於台灣的薪資水平，這樣的房價真的太高，竟然要十多年不吃不喝才能買到樓身之所，我不但支持打房，也希望房價回到合理的水平。但是，期待合理的房價之餘，不能弄錯方向，把買房或是投資都說成是一種罪惡。

二、　投資才能財富自由

　　還記得小時候老師、父母不是都教我們不可以寅吃卯糧，要養成儲蓄的好習慣嗎？但儲蓄可不是把錢收起來放在抽屜不花就好，光是通貨膨脹一下就把錢吃光了，那放定存呢？這比收起來不花好上一些，但以現在的利率來說，還是輸給通貨膨脹，存到最後錢還是縮水了。所以，一定要找尋其他的投資管道，像是當包租公收租金，或者錢進股市收股息，這些其實不過都是投資的方法而已，可是在社會面對高房價打房的氛圍之下，好像一竿子打翻一條船，把買房出租也妖魔化了。

　　假如只是一昧的靠自己勞心或勞力來賺錢，這樣的錢只能花一次，花完了又要繼續再賺，這樣的話，要達成財富自由只會像是貓追尾巴，怎麼追也追不到。一定要善用各種投資方法，讓錢來賺錢，例如買房當包租公，每個月都有租金可收，像這樣就會有永續花不完的錢。而且，複利的威力勝過原子彈，這是愛因斯坦說過的話，投資正是逐步改變經濟收入的最佳工具，誰說現在領 22K 的人將來不能財富自由？投資不但能讓錢變大，還可以逐漸取代原來本業的主動收入，達成財富

自由的目標。

　　像我擔任律師，面對律師大量錄取開放的趨勢，罵也沒有用，一個人是很難改變大環境的，我寧願將時間用來充實自己，讓自己有更穩定的經濟基礎去適應大環境的變化。幾年下來，我買房出租有租金收入，股票投資有股息收入，考不動產經紀人授課有講師收入，出書有版稅收入，面對律師生態的轉變與衝擊，我選擇的方式就是用投資以及多元發展來增加收入。所以，雖然流浪律師依舊是現在進行式，但因為投資，我卻可以跳脫環境不利的影響，現在反而有更多自由的時間可以做自己想做的事，這不就是財富自由嗎？

　　對於 22K 這個問題，相信也是有許多人罵執政者，罵國家政策不當，但罵完又如何？現實的環境還是這樣，一點改變也沒有。我倒是建議大家，不如充實自己，提升自己的能力，想想有什麼方法可以讓自己在職務上升遷加薪？或者有什麼兼職的方法，可以增加自己額外的收入？重要的是要理性看待各種投資方法，當收入大於支出而有積蓄時，尋找適合自己的投資工具，建立屬於自己的被動收入模式，這樣才能擁有永續收入，逐步朝向財富自由的目標來邁進。

Part 4

把握財富
重新分配的機會

一、 遵守紀律，等待房價下跌

　　侯文詠一直是我很喜歡的作家，他本身也是醫生兼作家多元發展的成功楷模。侯文詠在離島醫生這本書裡寫到，在澎湖當兵，整天開著救護車守在機場，任務就是等待飛機掉下來，幸好兩年飛機都沒有掉下來，侯文詠也退伍了。

　　其實，我也在等東西掉下來，不過當然不是飛機，而是希望房價真的掉下來。

　　本來我的『一千萬退休投資術』，也就是每兩年存一百萬頭期款買下一間出租套房，只要二十年的時間就可以用一千萬買下十間套房，之後只要靠房客繳納的租金就可以繳清貸款本

息，等十間套房通通繳完房貸，每個月都可坐收十間套房的淨租金，這就是超完美的退休計畫。但是就在我執行退休計畫的同時，板橋房價也逐年上漲，在民國九十八年之後，房價一坪來到四、五十萬，已經很難找到地點不錯，投報率又有 4% 的小套房，我的買房退休計畫只能暫時中斷，除了已經買的房子一直維持三天快速出租外，其它的就只能一直等待房價下跌到現在。當然這中間我並沒有讓資金閒置，只不過是換了一種投資工具，把資金放在穩定配息的股票上，但這是另外一段故事了。

二、 投報率回到 4%，就是財富重新分配的機會

我在等待，日後如果房價下跌，或租金水平調漲，等投報率又回到 4% 以上的時候，我就會再度進場買房，繼續我的超完美退休計畫。任何的投資工具都有漲跌的循環，像是黃金、股票、貨幣、大宗商品等，只要有漲就會有跌，從來沒有只漲不跌的東西。而這一波房市已經走了十幾年的多頭，我相信終究也有下跌的時候。重點是我既然把出租套房收取租金當作是一種投資工具，當投報率沒有達到我設定的標準，我就是不能進場買進，這就是所謂投資的『紀律』。其實，從民國九十八年到現在，房價還是繼續漲了不少，我因為遵守紀律沒有進場買進，從價差上來看，少賺了不少，但是誰能百分之百確定日後的事情，假如房價當初從民國九十八年開始下跌，我也會因為遵守紀律沒有買進而少掉損失。所以在投資的市場裡，我們只要設定好自己的投資模式，賺取有把握而且能夠真正賺到的那一段就夠了，至於其他超出範圍少賺的錢就由他去吧，畢竟離起漲點太高的價位，可能損失的機會也會越來越高。

所謂房價下跌，或租金水平調漲，投報率又回到 4%，並

不一定是用一百萬頭期款，買三百萬的房子，收一萬元租金才叫做投報率 4%，假設是用二百萬頭期款，買六百萬的房子，收租金二萬元投報率也是 4%，用三百萬頭期款，買九百萬的房子，收租金三萬元投報率當然也是 4%，差別只是如果用二百萬頭期款買六百萬的房子，那麼『一千萬退休投資術』變成只能買五間套房，但最後能收到的租金還是一樣的。

投資一定要遵守『紀律』，當房價下跌，或租金水平調漲，投報率又回到 4% 的時候，其實就是進場投資，享受財富重新分配的機會，這時候大家一定要好好把握，開始你的『一千萬退休投資術』。

第三篇

律師包租公教您輕鬆包租的十大絕招

【包租實用招式】

第 1 招

省錢投資絕招

一、 盡量省錢用來投資

投資一定要有本錢，買房子出租也是一樣，正所謂巧婦難為無米之炊，沒有錢當然沒有辦法買房子。也許有人看到這裡會想說那我沒錢，想闔上書本走了，等等，再接著看下去，也許你會發現自己不是沒有錢，只是沒有把錢用在對的地方。

人家常常講的一句話就是『省錢』，所以要『省』就有錢。每個月賺十萬塊的人，一個月花十二萬，那還是負債沒有錢，但是一個月賺三萬塊的人，如果一個月只花二萬塊，就可以有一萬塊的積蓄可以投資。賺得多的人未必有錢投資，是『省』的人才有錢投資。

像我自己現在開的車，還是十幾年前跟同學買的二手車，當初只花了二十五萬，如果你看過巴菲特的傳記就知道，他也是開老爺車，所以我開二手車也可算是向偶像致敬喔。

有一次跟一群朋友走在街上，迎面開來一輛金光閃閃的超級跑車，朋友說：「這應該是富二代才會開的車，苦幹實幹才變有錢的第一代這種錢一定花不下手」，我深有同感。

其實，車子只要能開，安全就好。花那麼多錢買車，還要顧車，心裡也是一番折磨吧。大家應該都有過這樣的體驗，新買的手機顧東顧西的，很怕摔著，但真的摔過一次以後，用起來更順手，更好用，更自在不是嗎？所以，東西實用比較重要，不一定要追求貴的東西。尤其是一開始要努力存第一桶金投資的階段，縱使從小就嚮往買名車也要忍一忍，『先求有再求好』，養名車可是很花錢的，你看，光請人手洗加打蠟，每次就要幾百塊，我都是去會員加油免費洗車那種的，只是很可惜現在連加油免費洗車都沒了，還要加價，總之要想辦法省錢投資就對了。

其實我當時也有購買百萬名車的資力，只是我拿了另外一

百多萬當頭期款，買下了附車位的套房來出租。你看，要是我當時買了一台一百二十五萬的百萬名車，現在我擁有的是一台十幾年車齡的百萬名車，你可以去翻翻汽車雜誌看十幾年車齡的百萬名車現在還值多少錢？另一個就是我實際上的做法，我現在擁有的是一台十幾年車齡的國產車，跟一間出租套房。差很多，對不對？

 以下我詳細比較，計算給你看～

一開始我只花一百多萬當頭期款買了套房，收房客的租金來繳貸款本利，十幾年過去了，以二十年的貸款來計算，房客已經替我繳了一半以上的貸款，等到二十年期滿，貸款通通是房客繳清的，我得到的是一間無貸款的收租套房，記得前面說的嗎？一開始我只花一百多萬，而且還是從買車省下的錢。

買了百萬名車，終究只有百萬名車，而且一掛牌開始上路就折舊了，越來越沒有價值。如果買國產車，還是二手的喔，省下的錢就可以拿來當買房子的頭期款，二十年過去不但多了一間房子，還有源源不斷的租金可收。

　　『花同樣的錢』，你要十幾年車齡的百萬名車，還是十幾年車齡的國產車外加一間可以源源不斷生財的收租套房啊！

　　而且，十幾年前，板橋房價一坪才十幾萬，現在新板特區裡實價登錄的價格來到一坪九十幾萬，房價已經漲了好幾倍。這是『今日國產車，明日大富翁』的道理，你明白了嗎？

　　就像我上面說的，賺得多的人未必有錢投資，是『省』的人才有錢投資。從上面我實際的例子也可以知道，不見得要很有錢才能開始投資，假設別人一年賺一千萬，你只賺一百萬，是別人的十分之一，那在投資方面你應該也要有他的十分之一才對，不是嗎？而且，賺錢比較少的人，不是更應該努力投資才能追上賺錢比較多的人嗎？為了累積投資的第一桶金，一定要省呀。

二、 籌資秘技，以大養小，以小換大

　　我人生第一間買的房子就是我執業律師的辦公室，位在板橋，約四十坪大小，後來第二間是同一個仲介介紹我買下附車位的套房，誤打誤撞開啟了我當房東的生涯，也讓我明白買套房出租，是個不錯的投資方式，之後我就計畫開始買套房出租，醞釀『一千萬退休投資術』，很認真地將套房出租作為我另外一個事業來培養。

　　你應該也知道的，後來因為配合政府的政策，銀行限制對於套房的放款成數，但買房子總不會都用現金吧，如果已經找到合適的房子，但套房的放款成數不足，該怎麼辦呢？ "山人自有妙計"，因為房子買了幾年已經增值不少，我就用辦公室這間大房子請銀行重新估價再去貸款，當然日後如果有資金要先把大房子的貸款還一還，一方面減輕貸款壓力，下次要再買別間套房時，才可以再用大房子去借錢應急，這就是我說的『以大養小』。

　　另外，這幾年房價不停上漲，想買房的人也許都有這樣的

經驗，原來設定要買的房子，假設是六百萬，需要二百萬的頭期款，好不容易總算把二百萬頭期款準備好了，原來六百萬的房價可能已經漲到九百萬，變成需要三百萬的頭期款，好像存錢永遠追不上房價的漲幅，這時候又該怎麼辦呢？

像這樣的情況，你可以考慮看看，乾脆以當時二百萬的頭期款去買錢存好當時六百萬的房子，當然一定會比你原先設定六百萬，但目前已經變成九百萬的房子小一點，但還是先買下來，再去繼續存另外一百萬的頭期款。通常房價應該是齊漲齊跌的，日後你就可以賣掉手上這間比較小的房子，同時再去買大一點的房子，『先求有再求好』，如果房價是漲的，你的小房子就可以賣高價，當然你再買大房子也會貴一點；如果房價是跌的，你的小房子賣的價錢比較低，但相對你再買大房子也會比較便宜，應該能夠克服永遠追不上房價漲幅的困窘，這就是我說的『以小換大』。

用『以大養小』的方式，可以培養出一堆房子；用『以小換大』的方式，就可以讓房子變大。

三、 租金買股循環法

　　在各種投資工具裡，除了買房出租收取租金外，陸陸續續我也嘗試投資股票。從一開始什麼都不懂，糊里糊塗就賠了將近百萬，我深刻體會到股市上上下下的波動，會造成財富極大變化，就像電影少林足球裡台詞說的，「一秒鐘幾十萬上下」，財產當然可能大幅增加，但像我的經驗一開始卻是面對大幅的損失；房屋出租則很穩定，每年收取固定租金，但投資報酬率一開始僅有百分之四左右，不像股市行情好時會有倍數獲利。

　　很多人投資股市賠光了錢，最後不得不退出市場，之後便把股市投資當做一個洪水猛獸，我覺得很可惜，這樣不但損失了，而且完全沒有從損失中學到經驗。像我當初面對將近百萬的虧損，當下停損通通出場，之後我便抽空潛心研究股市，尤其是技術線型，從中獲益良多，之後除了把之前的虧損通通彌補回來，也慢慢將股市投資變成穩定收益的另外一種管道。

　　從股市大賠到慢慢賺回來的過程，我想到一個方式，可以

　　將當房東收租還有股市兩種投資方式結合起來，也就是只把套房出租的租金投入股市，贏了可以賺更多，輸了頂多只是賠掉租金，但你的套房還在，這個方式我稱之為『租金買股循環法』。

　　『租金買股循環法』簡單講，就是先買房出租，然後用租金去買股票，累積股息及價差獲利以後再拿來買房出租，就可以讓你的財富川流不息。

　　『租金買股循環法』實際上的做法是，尚未繳清房貸房屋的房客租金直接匯入貸款銀行帳戶用來繳本息，至於已繳清房貸房屋的房客租金則匯入操作股票的帳戶，如果操作順利獲利，一段時間累積後，再提出一部份資金當作買房子的頭期款，買新的房屋出租，租金再拿來繳本息或買股票，周而復始的循環。

　　傑西李佛摩在股市投資人必看的經典名著「股市作手回憶錄」裡說過，每一位投機客在成功結束一筆交易時，都要記得將獲利的半數抽出來存進保險箱，投機客從華爾街唯一能賺到的錢，就是這些他們在結束一筆成功交易之後，從戶頭裏提出

來的錢。把錢放在經紀帳戶和放在銀行帳戶裡是不同的，後者
讓你感覺把錢放在手掌的感覺，此外這種擁有的感覺，會減輕
你拿這些錢再次搏命以致損失的那股頑強衝動，所以看一看那
些錢，特別是在這次和下次交易之間（傑西‧李佛摩股市操盤
術〈完整版〉寰宇出版），我則是拿股票的獲利來買房收租，
有土斯有財，感覺真棒！！

四、 汗水、雨水、淚水

　　我從小住在金山，當時還沒有完全中學，所以國中畢業以後故鄉已經沒有學校可以念，於是到台北參加北聯，考上士林的中正高中。因為士林離金山很遠，不可能通車，於是就在學校對面租房子，那是一間蓋在頂樓鐵皮屋的木板隔間雅房，租金很便宜，一個月才三千塊。

　　夏天的時候，鐵皮屋頂已經曬了一下午的陽光，所以我下課回去正是最熱的時候，常常全身都是『汗水』；冬天的時候，因為士林、北投那一帶常下雨，『雨水』會從屋頂、牆壁的縫隙滴進房間，那時後一個人傍晚走在台北街頭，看著萬家燈火，我心裡便立下心願，將來也要在台北點亮一盞屬於自己的燈火。

　　雖然我現在房子買在新北市而不是天龍國台北市，但也算是大台北，而且，不只點亮屬於自己的燈火，還多了幾間出租給房客的房子。從過往當房客住在頂樓加蓋的鐵皮屋裡，到現在自己當房東，有幾間房子可以用心布置成美美的然後出租出

去，回想一路走來的過程，眼角不免有感動的『淚水』，這是笑中帶淚，就像一首歌唱的，「含著眼淚，帶著微笑」。

　　所以你問我願不願意省錢來投資？當然願意呀。我不在乎開的是國產中古車，也不在乎日常生活有時候必須為了投資而有所犧牲，畢竟，要建立自己的一套投資循環系統，才有機會達成財富自由，這樣的人生，才是我所嚮往的！

【包租實用招式】
　　律師包租公教您輕鬆包租的十大絕招

設定區域絕招

一、 捷運一出站就能看見的房子

　　我從過去就有個習慣，不管是不是要買房子，定期會去觀察每個區域房價的漲跌，方法也很簡單，從網路上看各家仲介刊登的售屋廣告或統計的成交價格即可明白。現在更簡單了，從內政部實價登錄網站就可以查到實際的成交價格，當然裡面的資料截頭去尾不完整，但還是有參考的價值。我一直維持看房子的習慣，這樣才能隨時瞭解房市的行情。

　　當初仲介介紹我買附車位的套房，我當時也去看了其他套房物件互相比較，作為出價的依據，附車位的套房建案名稱是「天下大市」，離板橋車站有點距離；當時比較的建案名稱是站前凱悅，沒有車位，一坪開價十八萬多，既然「天下大市」離捷運站遠一點，於是我就用一坪十六萬多元買下了附車位的

套房，應該是划算的。

那時候捷運板南線還只能通到新埔，一直到後來捷運陸續通車到土城了，我才明白原來站前凱悅這個建案剛好就在府中捷運站出口正對面，這是買房子的時候壓根沒有考慮的事情。

上面提到我買「天下大市」的套房，沒過幾年就漲破了一坪二十萬，但同時期站前凱悅的套房一坪已經快要三十萬；目前我買的套房一坪將近三十萬，但站前凱悅的套房一坪已經開價四、五十萬。

從這裡可以清楚看得出來，十年前我買的套房跟站前凱悅比較，一坪不過才差二萬元，現在時間一久，一坪卻差了十幾萬。

果然，買房子最重要的就是地段、地段、地段，真的是讓我印象深刻。記得，買房子越靠近捷運站的越棒。

我現在買房有一個大原則，就是站在捷運站出口直接看得見的房子，不但好租又容易增值，就是我優先考量的標的。

二、 注意房價中心點

當我認真將套房出租作為另外一個事業來培養以後，我更積極的看房。

當時新板特區還正在開發，板橋房價最高的區域是在江子翠，因為板橋還是以台北市為中心，江子翠過個橋就到台北，所以房價比較高，旁邊的新埔離台北比較遠，所以房價比較低。

就像我前面提到的，有一次去看江子翠捷運站附近的套房，因為大樓右方有個小型變電所，上樓一看，隔壁的陽台還擺了幾個超大型狗籠，裡頭養了幾隻大型犬所以沒買這間房子，後來是買了新埔捷運站附近的套房。

之後新板特區的房子慢慢蓋了起來，影城還有好多家百貨公司也進駐，變成一個新地標，也是房價的中心點，新埔距離板橋比較近，跟江子翠的房價也就此翻轉了，現在房價最貴的是板橋，也帶動週邊新埔的房價，甚至還超越了江子翠。

　　有些事情其實是事後諸葛，意思是說，現在發生的結果，原本當初根本沒有注意到，而是慢慢隨著事情的進展才發覺原來如此。我今天也可以寫，我老早就看出新板特區的前景，所以我當初只鎖定買在新板特區，還有，新埔房價將來一定會超越江子翠，所以我買新埔而沒有買江子翠，但這樣太不真實，也無法讓人信服。我寧可把我經歷的事情一五一十的寫下來，目的是要讓大家瞭解，沒有人是先知，可以預先知道所有事情的結果，往往我們要從過往的經歷，尤其是失敗裡，才能學到寶貴的經驗。我相信成功的結果，必定有努力辛苦的那一面，先知沒有人能模仿，但歷經辛苦的過程進而達到成功的結果，才是每個人能做到的。

　　從新埔跟江子翠的房價翻轉，也讓我看清楚台灣房價居高不下的原因，其實房價會不會漲，絕對跟供給、需求有關。這幾年高鐵也蓋了，南來北往更容易，結果是更多人上來台北，然後台北都會區高架快速道路一直蓋，捷運也不斷延伸，通勤的時間大幅縮短，所以大家可以更往市區外圍居住，都會區範圍不斷擴大，人還是一直住進來，造成臺灣人口過度集中到北部的結果，居住需求當然遠大於供給，導致大台北房價不停上

漲。大家都很喜歡捷運延伸，當然我也喜好買房子在捷運站附近，所以捷運蓋到哪房價就漲到哪，我看捷運地圖根本就像是一堵堵房價的高牆，漸漸把大家都逼到外圍去，越住越遠了不是嗎？

然後，全台灣房價只有一個中心點，那就是台北市，你看這幾年台北市的房價不斷攀高，連帶新北市、桃園房價也都帶動起來，那一個地方不是說幾分鐘到台北，然後房價就被炒上去，甚至台中、高雄也都是跟台北比價，光說台北豪宅一坪幾百萬，台中、高雄只有尾數合理嗎？房價就炒上去了，這就好像新板特區發展起來成為房價中心點，然後就把新埔房價帶動起來是一樣的意思。

其實大家為什麼得搬到大台北來住，還是住那麼貴、那麼小的地方？那是因為工作就在這邊呀。我遇過好多房客來看房子掛在嘴邊的都是，「反正我白天上班，每天還要加班，回來都很晚了，有個地方睡覺就好了」。要是台灣各個區域均衡發展，人人都可以就近工作，大台北就不會擠那麼多人，這樣，需求一降低，房價自然不會一直上漲。

　　所以，解決房價高漲的問題，應該是要讓台灣各個區域均衡發展，除了大台北，還要有其他的中心點，像是台中、高雄，讓各地都有充分的就業機會，自然就會形成新的房價中心點，而且是貨真價實基於供給需求自然運作產生的房價，這樣人人可以就近在地工作，改變目前集中台北的現象。要不然像現在台北有捷運，上下班時間人滿為患，高雄同樣有捷運，卻是乘客稀稀落落，這也可以看出居住需求的不同，光拿高雄房價來跟台北比因而補漲這有道理嗎？恐怕房市泡沫破裂時會被打回原形而已。台灣應該要有更多房價的中心點，對房市來說才是健康的發展。

　　之前有報導說政府官員都是房產大戶，因而引起社會的批評，在我看來，有房子的官員才真正瞭解房屋市場，要不然你會去相信一個從來沒有買過股票的股票老師給你的建議嗎？所以政府官員有房子本身並不是一件壞事，除非他取得的手段不合法。我倒是不會去批評政府官員持有房屋，但衷心希望他們能對房價問題提出長遠的政策，讓房價回歸健康的發展。

　　難道我是房東，不希望房價一直上漲嗎？當然，房價下跌

才好，既然我是以收租為主，又不賣房，房價上漲好像沒什麼用處，反而因為房價一直上漲，投資報酬率不高無法買進新物件，這樣何必呢？所以雖然我有房子，但我希望房價還是維持在合理的水平比較好，房市也會比較健康。

三、 選擇自己熟悉的區域

房子一定要選擇自己熟悉的區域，像我的辦公室跟住家都在板橋，所以投資套房自然我也偏好選擇板橋這個地方。

前面提過，民國九十年剛來板橋的時候，目前的新板特區當時還是一片老舊房屋，其中最高最突出的建築物只有台北縣政府(現在是新北市政府)跟板橋車站。我當時買在新板特區的外圍，一坪才十三萬，不久看著新板特區的房子通通都拆掉，整地後圍成一塊一塊方形的區域標售，讓建商蓋房子，沒多久一棟棟大樓就蓋起來，從一開始一坪三十幾萬開始賣，越後來的建案賣越貴，才沒幾年的光景，有的已經開價喊到一坪一百萬，實價登錄價格也已經來到九十幾萬，這幾年房價的漲幅真是太可怕了。

為什麼買房子一定要選擇自己熟悉的區域呢？因為這樣才會熟悉區域內的交通、地段、環境等等各項重要的條件，像我曾經聽過廣告，大意是說新莊會超越新板特區，以我實際居住在板橋這個區域的觀察，我就不太相信了。

　　我認為，新板特區擁有的優勢就是三鐵共構的板橋車站，還記得高鐵剛通車時，買票不能線上預定、刷卡，只能去現場付現金買，我當時還曾受親戚之託，從我家『走路』去板橋高鐵站幫他們買車票，等他們要坐車的時候，再『走路』拿車票去車站給他們，親戚們說，你們家住在這裡真方便。

　　對啊！就是地點方便啊，買房子的三大要點，就是地段、地段、還是地段啊！當然高鐵現在可以線上預定、刷卡，但你想過沒有，假設我跟住在新莊的人同樣要到南部去，我在板橋走路就可以坐上高鐵，也許都到新竹了，住新莊的人搞不好還塞在去高鐵車站的路上，這樣比較，你說新莊能超越新板特區嗎?『通勤的時間決定房價』，所以，一定要選擇自己熟悉的區域，才不會被廣告給騙了。

四、 瞭解出租區域各項條件

如果你要買房出租，我建議你除了選擇自己熟悉的區域，而且還要勤做功課，在買房之前，就必須先瞭解這個區域出租的各項條件，包括：待承租房屋數量有多少？租金價格行情多少？登出租廣告到成功出租時間要多久？

絕對不能等買好房子再來瞭解，等到發現沒人租就慘了，這就好像總不能買完鞋再去找腳來穿一樣。

探詢出租熱門程度、待承租房屋數量、租金價格、由公開刊出到成功出租的時間要多久等等，你可以透過 591 租屋網、好房快租來瞭解，像 591 租屋網上面連幾日成交都會公布，如果你要選擇的區域附近，都在極短天數內成交，代表這裡很熱門，你可以考慮買在這裡；反之，如果附近成交天數都很長，甚至於放很久也沒人租，那這個區域當然你就要避開了。

五、　避開潛在風險區域

　　前面運用租屋網站上的各項資訊，可以分析避免房屋可能租不出去的「市場性」風險，另外，我們還要注意關注颱風訊息，對於「環境風險」也要保持一些敏感意識。所以，當颱風來的時候，在家裡放颱風假也要做功課，拿起紙、筆，或者手機把電視報導淹水的地方記下來，還可以進一步去研究，這是每逢颱風必淹水，還是只是突發狀況，每逢颱風必淹水當然是要避開的區域。

【包租實用招式】
　　律師包租公教您輕鬆包租的十大絕招

第 3 招

設定標的絕招

一、 設定購屋條件

1. 地點：

選擇區域提到過，也是最重要的，買房子的三大重點，地段、地段還是地段。我選擇的方法就是，站在捷運站出口，眼睛看得到的建案最好。距離捷運站越近的房子，越受房客歡迎，可以提高租金，也更容易租出去，減少閒置期。

不要只是為了價格便宜，就買了離捷運站比較遠的房子，這樣不但租屋閒置期可能會拉長，連房價的漲福也會比較低。當然我選擇當房東，租金才是我優先考量的因素，至於房價，假如沒有賣出，除非有打算運用房屋來設定抵押貸款，否則是沒有差別的。

2. 大小：

房子大小剛好適合出租，所以要考慮房客的需求。

我自己曾經遇過一個房客來看房子，他告訴我原本就住在同一棟大樓裡，

「那你為什麼想搬家？租約到期房東不續租嗎？」我問。
「不是，因為原來的住起來感覺太小，想換大一點的。」
「你原來住的有多大？」
「室內大概只有五、六坪，你這間看起來比較大，我覺得
　還不錯。」

我看過這棟大樓的套房有權狀十一坪多的，也有權狀八坪多的，這位房客說的應該就是權狀八坪多的房型，因為現在大樓都有所謂的公設比，扣一扣就是房客說的，室內大概只剩下五、六坪的大小。我從這裡就知道，權狀八坪多室內只剩五、六坪的房子對房客而言，顯得太小，甚至會小到讓房客不厭其煩的想要搬出去，要是你買到這樣的房子，就算有房客願意租，恐怕也住得不久，但十一坪多的房子，就是房客覺得可以

接受舒適的坪數。

　　那麼，既然太小不行，是不是越大越好，那也不對。因為現在房價很高，一坪就要四、五十萬，假設你多買了兩坪，等於就要多將近一百萬的成本，但租金每月以百分之四的投資報酬率來算，要多三千三百三十三元才划算，假設別人買的套房權狀是十一坪，每坪四十五萬元，每月租金一萬六千五，你買的是權狀十三坪，每坪也是四十五萬，那每月租金要收一萬九千八百三十三元投資報酬率才相同，雖然權狀看起來多了兩坪，實際還要扣掉公設的比例，室內根本大不了多少，但每月租金實實在在多開了三千三百三十三元的價格之下，你的房子會有優勢嗎？

　　房子坪數大當然比較舒適，但相對買進成本比較高，租金開價連帶也會較高，但不能為了節省成本買太小的套房，住了會有壓迫感不舒服，所以找房子要『不大不小剛剛好』的。

3. 陽台：

　　因為套房居住的空間比較小，所以要有陽台感覺才有穿透性，比較沒有壓迫感，而且房客每天會換洗衣物，所以總要有個地方擺洗衣機、晾衣服，雖然現在有安裝在室內可以洗脫烘的洗衣機，但我認為房子有陽台採光會比較良好，也有穿透性，才不會覺得生活在密閉的空間。

　　不過以我這幾年買房看屋的實際經驗，發現情況卻是每下愈況，我看過有房子沒陽台，所以洗衣機只能放在廁所或書桌旁，難道要一邊洗衣服，一邊看書嗎？

　　甚至我還看過有屋主把窗戶外面的鐵窗做得很大，然後洗衣機就擺在鐵窗上，這當然是個不得已的辦法，但從外面看上去還蠻突兀的，換成是我的房子，我寧可退進來在室內隔另外一個類似陽台的空間，應該會比較妥適。

　　所以，要是能遇到好的房子，採光良好，又有陽台的，這就是好的物件！

4. 要有天然瓦斯：

當房東也是在做中學，就如同我今天出版這本書，有許多都是我當房東以後才學來的寶貴經驗。

我當房東，發覺許多還不是房客的看屋者打電話來時就會問是不是天然瓦斯？看屋當天也有很多看屋者會關心這個問題。原來，沒有天然瓦斯，那洗澡只能用電熱水器，除非是儲水型而且容量較大才不會有等待冷水預熱的問題，但是儲水型的電熱水器體積較大，廁所未必有足夠空間可以放置，如果是即熱型的電熱水器，就是直接把冷水的水溫固定往上加熱幾度而已，例如原來水溫是二十度，固定往上加熱十五度就變成三十五度，但假如遇到寒流來水溫是二度，固定往上加熱十五度只有十七度而已，所以電熱水器並沒有壞，只是原來的水溫太低而已。大致上是因為房客遇上寒流，有用過十七度的水來洗澡，所以一定會特別問有沒有天然瓦斯，這樣才能在寒流來時，洗熱呼呼的澡呀。

至於我為什麼會懂得電熱水器運作的原理？嗯，當遇過房客曾經發生過這樣的問題，自然就會搞懂了。

　　　　所以，可以的話，選擇有天然瓦斯的，但要注意通風，
避免二氧化碳或瓦斯中毒的問題。

二、　容易出租的原則

1. 小套房比大坪數好

套房的字義原來應該是指一套房子，也就是一房一廳一衛，麻雀雖小，五臟俱全。可是，你應該也曾聽過股市流傳一句話，「好的老師帶你上天堂，不好的老師帶你住套房」，把『套』房說成是不好的，等於買來就『套』牢了。

但現在住或買套房反而是個趨勢，因為：

（1）現在的人不婚的很多，結婚不生小孩的也很多，我當律師也清楚現在離婚率很高，單親家庭的比例也很高，所以租屋族很多是一個人住或兩人同住而已，套房即能滿足居住需求。

（2）大坪數公寓通常較老舊，沒有電梯，沒有管理員，而且要下樓等待倒垃圾；我買的套房，除了地點之外，還要選擇管理優良的，當然有電梯，垃圾可以丟至集中處再由大樓統一處理，這樣就不用天天追垃圾車。說真的，天天上班的人，加班是常態，大概無法準時回家等垃圾車吧！

（3）假設你買的是大坪數公寓，三房兩廳好了，租給一家
人，我買的是套房，租給一對男女朋友。

男女朋友剛出社會工作，當然需要租屋而居，那麼一
家人，通常有夫妻、小孩還有父母，為什麼還需要跟別
人租房子呢？是不是因為有了小孩，太太要照顧小孩無
法工作，所以就由先生工作養一家人，只有一個人賺錢
還要養小孩、父母，那經濟負擔也許會比較重。但跟我
租套房的男女朋友不一樣，兩個都是上班族，都有收
入，兩個人一起負擔每月一萬多元的租金，經濟上會較
為寬裕。

真正的差別就在於經濟負擔重，就有可能付不出房
租，經濟寬裕的人比較不會。當房東最大的損失與痛苦
就是收不到房租，不是嗎？所以，從買的房子其實就已
經決定將來居住房客的類型了，這是必需考慮的問題。

（4）現在房價太高了，大樓貴，連帶公寓光喊說都更，也因
土地坪數持分大而貴得不像話。同樣一坪四十萬，套房
十坪，只要四百萬(便於說明舉例而已，前面說過套房要
不大不小剛剛好)，公寓三十坪，那就要一千兩百萬。

四百萬的套房以年報酬率百分之四計算，我可以一年收租十六萬，換算每月一萬三千三，我上面舉例的那對男女朋友租得起。

那一千兩百萬的公寓，以年報酬率百分之四計算，必須一年收租四十八萬，換算每月四萬元，要租給誰啊？上面舉例的先生會付得很辛苦吧！

也許一千兩百萬買的公寓，每個月只能租二萬五千元，這樣換算下來，同樣的資金，反而購買三間套房出租，投資報酬率會比較高。

（5）另外根據統計，小套房比較好賣，中國時報就報導過，因為少子化加上離婚率居高不下，房屋市場小宅當道。根據住商不動產統計，台北市、新北市與台中市等都會區，二十五坪以下小坪數產品交易量占總成交比高達二成以上，房價高不可攀的台北市更高達三成六，皆較往年提升。

住商不動產企劃研究室主任徐佳馨也指出，近幾年房地產交易明顯出現小宅化發展，特別是大台北都會區，除了是房價過高，造成購屋人「棄大從小」外，少子化

及離婚率高也是重要因素之一。

　　所以，房價那麼貴，『套』房坪數低比較好賣，反而是大坪數的房子賣不掉。

（6）實際上去 591 網站比較瀏覽人次就可以發現，套房的每日流覽人次較高，傳統三房兩廳的物件，流覽人次相對較低，流覽人次顯示的就是需求高低，代表套房比較符合現代居住需求。

2．位在大坪數為主社區的套房最好

　　所以，雖然過去的人買房地產很忌諱買套房，但現在社會型態變了，都會區有很多個人或男女朋友、小夫妻居住的需求，根本用不到大坪數的房子。

　　但是現在房價高漲，連有些套房也要價上千萬，所以套房也不能隨便亂買。既然設定是要買來收租，所以地點一定要方便，環境不能複雜。我看過很多套房，有一種類型是中間一長條的走廊，兩邊門對門，一間一間的套房，如果你住過學校宿舍，你應該知道我形容的樣子，這跟我當律師，偶

爾去看守所的格局也很像，這樣的產品，通常戶數比較多，出入也會比較複雜。

　　另一種類型的套房，則是錯落在大坪數為主的社區中，這也是我最喜歡的物件。你想想看，雖然你買的是低總價的套房，但隔壁可都是大坪數高總價的房子，這代表什麼？代表這個社區大多數人的經濟能力都很好，比較不會有欠繳管理費的問題，而且一定會更用心維護社區，維護房價，畢竟買那麼貴的房子在這裡啊，對不對！所以，當房東不但要考慮房客的經濟能力，也要考慮周邊鄰居的經濟能力，找到好鄰居。而且，你只是套房，所以按坪數繳的管理費也比較少，卻可以使用相同的公共空間，你說棒不棒。

　　有些社區的設施是對住戶開放的，不用扣管理費累積的點數，所以雖然我的房子租出去了，但我還是可以免費去使用健身房、桌球室等設施，這算是當房東的額外福利吧。至於有些社區要扣管理費所累積的點數，就讓房客去使用，畢竟這是房客的權利。

　　　　所以，如果要買房出租，我建議選擇套房最好是在大坪數為主的社區，房客也會想要單純的環境，帶看時可以拿套房是在大坪數社區，戶數單純來行銷，這樣也比較容易出租，好處多多。

3. 中古屋比預售屋好

　　　　我在前面說過，現在開的車還是十幾年前跟同學買的二手車，只花了二十五萬，其實大家不要太排斥中古的東西，只要品質不錯，好用又便宜，真的是經濟又實惠。

　　　　同樣的，以買房出租來說，我也會選擇中古屋，而不是預售屋：

（1）中古屋看得見、摸得到，不像預售屋只是樣品，你可能要擔心交屋以後室內大小、格局、實際位置及屋況是否跟原來的設計圖有差異。

　　　而且很多建商老是喜歡用樣品屋跟一些美美的照片來宣傳，旁邊卻標示情境示意圖，那已經擺明了以後房子蓋好了可能跟照片不太一樣，這是買預售屋要特別注意的地方。

（2）中古屋屋況好的可以立即出租，立即收益，縱使需要做一些簡易修繕，大約一、二個月即可完成，不用苦苦等待預售屋要好幾年才能交屋。

（3）中古屋通常鐵門、鐵窗都安裝好了，賣給你總不會把鐵門、鐵窗帶走吧。安裝鐵門、鐵窗可是好大一筆費用，所以買中古屋可以省去預售屋將來還要自行安裝的高額費用。

（4）現在賣中古屋的大部份連同傢俱、床組、沙發、冷氣都會留下來，你買來剛好給房客使用，這部份也不用另行購買，又省了一筆花費。

我的經驗是，如果前屋主是自住型的，那麼他室內隨屋附贈的傢俱就會比較高檔，如果本來就是出租用的，那裏頭的傢俱恐怕只是能用就好。假設前屋主已經答應要把裡面的傢俱跟設備免費隨屋附贈，那簽約時最好要寫清楚，像我就遇過看屋時屋主明明說好看得到的都免費送，結果交屋以後發現一台吊掛在牆壁上的烘碗機不見了，原來是被前屋主拆了帶走，所以一定要在契約裡寫清楚，避免爭議。

（5）預售屋建商不會提供天然瓦斯管線，而是由天然瓦斯公司接管後向屋主收費，光是接管裝錶的費用就要五萬以上，買中古屋假如是使用天然瓦斯的，通常已經裝好了，不用另外負擔這筆費用。

（6）有些預售屋號稱三米六，含糊標榜示意空間、魔術空間，等交屋才發現，不做夾層空間不足，做了夾層又因為高度不足，上樓得蹲的像哈比人的高度一樣，才能勉強活動，那就糟了。

　　我買中古屋，只要經過簡單布置或做一些簡易修繕即可出租獲益，開銷就只是買房的總價，成本也好抓；但如果買的是預售屋，得花好幾年的等待，交屋後又要大肆裝潢，安裝鐵門、鐵窗、冷氣、天然瓦斯管線，還要買傢俱、床組、沙發。以我當律師處理裝潢糾紛的經驗，通常都是因為部份設計師追加費用而引起，這樣實在很難控制成本，也太花錢囉，所以買中古屋來出租，會比較划算。

三、 避開真正被「套」的物件

1. 避免雅房

　　房屋既然是要出租，就應該從房客的角度來思考，通常套房的租金比較高，雅房的租金比較低，所以租套房的房客經濟能力會比較好，租雅房的房客經濟能力相對會差一點，這牽涉到會不會拖欠租金的問題。而且套房只有一戶，出入單純，雅房會共用一些區域，會顯得比較複雜，經濟能力好的人應該會選擇多花一點錢住套房，而不是雅房。

2. 避免頂樓加蓋

　　我當律師曾經辦過個案，有屋主明明知道自己的公寓頂樓是違建，也已經收到拆除通知，卻刻意隱瞞，趁還沒拆除違建之前故意隱瞞惡意出售房屋，甚至還跟買方表示，頂樓可以隔成套房出租，買一層送一層，但過戶不久，拆除大隊就上門拆除違建，這樣的案例屢見不鮮。

其實我在看屋的過程中，也曾經有仲介推薦我頂樓加蓋的房屋，表示可以隔成更多出租的雅房，投資報酬率更高，但我個人還是比較喜歡獨立進出的套房比較單純。

我不選頂樓加蓋還有以下原因：

（1）頂樓加蓋隔成雅房，通常需要增加衛浴空間，必須埋設許多管線，尤其是廁所馬桶的管子直徑很寬，必須把樓地板墊高很多，房屋本來就已經老舊，經此勞師動眾、大興土木，有時會造成房屋損壞，引起漏水、房屋傾斜……等問題，容易造成鄰居間的紛爭。

（2）頂樓加蓋隔成雅房，每間都要裝設冷氣、電視，除了用電量變大，如果為了省錢，隨意拉線、裝配，容易發生例如電線走火等安全上的問題。而且頂樓加蓋是屬於違章建築，不符合消防安全法令，如果發生事故，房東難辭其咎。

（3）頂樓加蓋隔成雅房，戶數多，進出複雜，不如獨立進出的套房，比較不會有安全上的顧慮，也較受女性房客歡迎。

（4）頂樓加蓋並不是不會拆，還是有被拆除的風險，或者像
　　 我前面提過的例子，過戶完就被拆了。

（5）頂樓加蓋隔成雅房的整體報酬率也許比較高，但以每間
　　 雅房與獨立進出套房的租金來比較，租金相對較低，由
　　 房客的經濟能力來說，通常承租獨立進出套房的房客會
　　 較穩定，日後不付租金的機率應該會比較低。

四、 參考豪宅標準選擇套房

目前全台灣最夯的豪宅應是「帝寶」莫屬啦，台北市政府也以「獨棟建築」、「外觀豪華」、「地段絕佳」、「景觀甚好」、「每層戶少」、「戶戶車位」、「保全嚴密」、「管理周全」等八個原則作為豪宅稅之判斷基準，蔡辰男則是用美食來比喻房市，他說一般人住的房子是滷肉飯，豪宅是魚翅。

原來，別人吃的都是魚翅，我專挑套房，那不就只是小碗的滷肉飯而已，但我就愛這一味呀。

我要告訴大家，就算是滷肉飯也不能隨便亂吃，要像吃魚翅一樣，選擇乾淨衛生的。所以，買套房也可以參考豪宅的八項標準：「獨棟建築」、「外觀豪華」、「地段絕佳」、「景觀甚好」、「每層戶少」、「戶戶車位」、「保全嚴密」、「管理周全」來做選擇。

1. 「獨棟建築」：套房應該很少有獨棟建築的，吃滷肉飯不可能像吃魚翅一樣在包廂吃吧。但是你可以選擇在包廂

旁邊吃，也就是選擇錯落在大坪數為主的社區裡的套房，這會比全部通通都是套房的物件好。

2·「外觀豪華」：我認為重要的是滷肉飯好吃，不是包裝漂亮。像現在很多大餐廳只是擺盤漂亮，仔細一看食材都是豆腐、青菜跟蘿蔔，我可是羨慕以前龍蝦、九孔滿滿一桌的真材實料呀，當然吃素比較健康，而且每個人青菜蘿蔔各有所好，但比起好看，好料更重要吧，我強調的是房子的內在比外觀更重要。

　　當然外觀也不能太差，食材的包裝容器視覺不佳可是會影響食慾的，就好像有些大樓外觀隨意裝設招牌、鐵窗，導致建築外觀凌亂的，除了不雅觀，可能也代表大樓管理鬆散，這類的物件同樣要避開。

3·「地段絕佳」：這就跟要求食品衛生一樣，魚翅要衛生，滷肉飯當然也要，否則可是會拉肚子的。套房跟豪宅一樣也要重視地段，我選擇的標準就是站在捷運出口要能看得見的房子，這樣的房子很容易出租，可以縮短閒置期。

4‧「景觀甚好」：有最好，沒有的話至少要有採光。

　　房子看多了，我還真是發覺沒有一百分的房子，像是有些房子很方正，但偏偏就是沒有陽台，或者沒有採光。是不是每個房客都喜歡有採光的房子呢？那倒也未必，像我遇過一個在餐飲業擔任店長的房客，他就說房子沒有採光沒有關係，反而更棒，因為他的工作環境每天都很吵雜，所以他最需要的，就只是一個安靜的空間，可以好好休息、睡覺就好了。

　　那是要大家買沒有採光的房子嗎？也不是啦，還是要買採光明亮的房子，遇到上述餐飲店長類型的房客，把窗簾拉起來就好啦。假如今天買沒採光的房子，偏偏房客又很喜歡有採光的房子，那你的房子出租的機率就會降低，所以，盡可能要買有採光的房子。

　　之所以說「盡可能」買有採光的房子，是因為常看房子的人一定會懂，真的沒有一百分的房子，要是一間房子什麼都很好，只是欠缺了一點什麼，可能最後還是要買，要不然，一直尋找一定要買一百分的房子，可是很難買到的。

5. 「每層戶少」：這個當然要，上面提到過，有些套房是跟大坪數混著蓋的，戶數就會比較少，如果全部都是套房的建案，那麼戶數就會很多，除了進出複雜，同時戶數多還代表很多人的房子可能會同時在出租，競爭也會比較激烈，所以我會選擇戶數少的，競爭少，出租會比較容易。

6. 「戶戶車位」：套房不一定要有車位，因為房客未必開車，假設房客需要車位，通常也可以向社區承租。一般套房附車位的物件也比較少，不附車位的才是常態。

7. 「保全嚴密」：套房也要保全嚴密，吃魚翅要安全，吃滷肉飯當然也要安全啊。尤其是女性占人口一半的比例，可能自己租房子，也有可能跟男朋友或另一半合租房子，女生都會特別關心安全的問題。

　　講到安全，除了大樓本身的保全外，跟大樓周邊的環境也有很大的關係。房客從捷運站或公車站走回家，經過的馬路是否明亮？是不是要經過暗暗的巷弄？這些都是買房子時就要考量的因素。如果房子旁邊有便利商店就是我特別鍾意的物件，因為便利商店都是二十四小

時經營，連半夜也是窗明几淨，而且經常有人進出，房客半夜回家經過也比較安全。

8· 「管理周全」：這個也是一定要的，住套房社區最重要的至少要協助統一處理垃圾，大部分的房客都是上班族，又經常加班，實在很難每天按時自己拎著垃圾出來等垃圾車，這就像吃完滷肉飯總不能要我們自己處理免洗餐具吧。

所以，雖然買的是套房，可也要秉持買豪宅的心態，審慎挑選呀。但記得我上面說的，找到一百分的房子固然很棒，要是差那麼一點點，有時候也要勉為其難的接受，要不然事過境遷，幾年過去猛然回想起來，真會後悔過去錯過的一些雖然不是一百分但還不錯的房子，再也買不到了。

第4招

尋找房屋絕招

一、 設定房屋條件清楚告訴仲介

買房當然要有物件來源可供選擇，利用房仲網站可以探尋行情，也有可能找到符合你需求的房子。

但我發現實際上當仲介接到售屋委託的時候，他並不會在第一時間將房子放到網路上，而是會先跟可能的買家連絡，條件不錯的物件也許這樣就賣掉了，像我就買過還沒放上網路的房子，成交以後當然不會登上網路了。

所以，為了避免以上情況發生，我會儘量跟仲介混熟一點，而且會將自己設定的房子條件清楚告訴仲介，綜合以上我說的，大概就是「近捷運，十一、二坪左右，有陽台」，所以

當仲介接到有符合條件的房子，就會直接通知我去看。

尤其是你曾經透過他買過房子的仲介最認真，有時候大半夜還會打電話問我，客戶這邊剛好有一間符合你需求的房屋，你何時要過來看？如果條件不錯我當然要趕快去看，也許就買了，根本還沒登上網路就賣掉了。

所以有計畫買房出租的人，記得把自己設定的條件跟仲介講清楚，光看網站，有時候會漏掉一些還沒上網就已經賣掉的物件，而且要知道，還沒放上網路就被買走的，通常也是百中選一、可遇不可求的好物件呀！

二、 經常上網瀏覽物件

現在網路真的很方便，找房子可以上永慶房屋、信義房屋，591 現在也有很多售屋的廣告，除了將自己設定的房子條件清楚告訴仲介，平常也要經常上網瀏覽物件，查詢資料可以設定區域、大小、距離捷運距離，還有價格，只要滑鼠輕輕一點，符合條件的物件就通通跑出來，當然有時候有些價格顯然不合理，我懷疑是仲介拿來釣客戶的物件以外，其他大多數應該都是真正待售的物件。

其實，有時候買房子也是個緣份，錯過就沒有了，像之前提到過的，我曾經有一次在網路上看到喜歡的房子，立刻連絡仲介約好隔天星期六早上去看房子，才搭電梯上樓，遇到其他家的仲介說，剛剛已經有人說要買了，原來屋主不是簽專任約，有好多家仲介一起賣，我還拜託仲介說，我都來了，賣掉了沒關係，至少讓我看一下。也許是得不到的心理，進屋晃了一圈，發現這個房子還真是好，心裡想說要是早一天看到就好了，『失去才懂得珍惜』，也是我辦理婚姻個案偶有的遺憾，希望大家買房子不要發生同樣的憾事才好。

三、 用 Google 地圖觀察周邊環境

　　通常我找到喜歡的房子，會馬上用 Google 地圖去看看周邊環境，用滑鼠代替雙腳在附近繞一繞，看看有無像電塔、回收場……等嫌惡設施、騎樓有無被占用擋住？人行道是否寬敞？週邊都開哪些店家？有無便利商店？超市？像有些看得出來旁邊就有高壓電塔或是回收場的，我根本就不用去看了，可以節省很多時間。

四、 看屋注意事項

1. 仔細看看布告欄：

　　去現場看房子的時候可以仔細觀察布告欄，有沒有貼一堆人不繳管理費，如果能看到社區目前有多少管理基金那更好，因為社區保養電梯、抽化糞池等，都需要用管理基金來支出，所以如果有大量的住戶不繳管理費，就會有更多的住戶跟著不繳管理費，長久下來會造成社區的大問題，這是我當律師的經驗。

　　我當過社區的法律顧問，也處理過住戶不繳管理費的訴訟，我知道有大量的住戶不繳管理費，代表那個社區管理出現問題，而且，通常房價賠錢的住戶，不繳管理費的問題會更嚴重。

　　像是之前，我在三芝曾經處理過好幾件欠繳管理費的訴訟，三芝有一陣子突然蓋了好多房子，當時宣傳以後會有芝投公路，也就是三芝通到北投的道路，交通便利，所以吸引很多台北人以高價買入房屋，但後來芝投公路沒蓋，每天通車上班

路途遙遠，造成很多空屋，房價跌了很多，當初以高檔買進的人房價都賠了，交通不便又只能空著，每個月還要繳管理費，會不甘心吧！所以就有人不繳管理費，其他人想，隔壁的不繳我為什麼要繳，漸漸像傳染病一樣，不繳管理費的人愈來愈多，管委會當然要委託我出面訴請住戶繳納管理費，殺雞儆猴，以免住戶不繳管理費的情況更加惡化。所以，看見布告欄一堆人不繳管理費的，還是別買比較好。

2. 上廁所維修孔看維修空間

房子通常會有裝潢或油漆，所以會看不到建築物牆面或天花板原來的狀況，但廁所裡面天花板會有維修管線的孔洞，可以把那塊木板往上推，拿到旁邊去，墊高頭鑽上去就可以看到像是清水模一般沒有油漆過的牆面。

這是判斷房屋是否為海砂屋最簡單的方法，因為通常海砂屋會有水泥塊掉落，所以牆面會坑坑疤疤，還有鋼筋生鏽的狀況，如果沒有，應該就可以排除這個狀況。

當然賣方也有可能知道買方會看這個地方，所以刻意用水

泥再重新抹平一次，但這樣應該會有觸犯刑法詐欺的罪嫌，民事上也可以主張物之瑕疵來解除契約或減少價金。

爬上廁所維修孔也要看看樓上的馬桶管線有無漏水，因為廁所做的那一層天花板是防水的，如果樓上馬桶初期只是微微滴水，因為每次沖馬桶才滴一點點到天花板，之後水就乾了，下面是看不到的，而且洗澡的時候，會有水蒸氣，也會凝結在天花板，會讓人搞不清楚是不是樓上馬桶漏水。

所以要爬上廁所維修孔探頭看看，用手電筒仔細照裡面馬桶管線、排水管線，基本上應該要是乾的，如果亮亮濕濕會反光那大概就有滲水，尤其是管線跟樓地板連接的地方是否密合完整，這裡也可以看得出來管線是不是曾經挪動、改裝。

一但發現房屋可能是海砂屋，要我是不會買了，至於房子有漏水，怕麻煩當然也可以不要買，但我之前也說過了，沒有一百分的房子，決定要買也可以要求賣方修復以後再交屋，並在合約中仔細註明，否則，日後賣方可能會耍賴說，買方已經知悉房子有問題、瑕疵，卻沒有立即通知，所以不能要求修復了。

漏水算是房子的瑕疵，依民法的規定，買受人應該按物之性質，依通常程序從速檢查其所受領之物。如發見有應由出賣人負擔保責任之瑕疵時，應即通知出賣人。如果買受人怠於為前項之通知者，除依通常之檢查不能發見之瑕疵外，視為承認其所受領之物。不能即知之瑕疵，至日後發見者，應即通知出賣人，怠於為通知者，視為承認其所受領之物。也就是說，你發現買到漏水的房子要馬上通知賣方，如果拖延，就算是你承認買到的房子，那你就沒有辦法主張瑕疵擔保請求權。

一般人想說那就打電話通知或口頭跟前屋主說好了，那可不行，萬一前屋主否認你有告知，你又提不出證據，那會變成你怠於通知，沒有辦法主張瑕疵擔保請求權。所以你一定要在發現的第一時間寫存證信函，把房屋漏水或其他問題通通寫清楚寄給賣方，存證信函就是最好的證據。

當然有時候買房子的時候沒有漏水，過了幾年才發生漏水，這時候跟賣方無關，就要自行跟樓上鄰居來處理。像我的房子就發生過這種情況，當律師處理漏水糾紛更是不勝枚舉。

處理漏水的問題，一定要先停水來判斷是哪邊漏水，這需

要耐心，這根管線停一停發現不是，再換另一根管線停一停來判斷，千萬不要貿然開挖，因為水是會跑來跑去的，看這邊漏水但實際漏水不見得就是發生在這個位置，隨便挖了以後就亂掉了，有時候明明是樓上漏水，開挖以後樓上卻說，我哪知道是本來就漏水，還是開挖以後破壞才造成管線漏水，這樣責任就扯不清了。

除了漏水，我當律師還有遇過買到房屋傾斜的案例，其實房屋多少都會傾斜，在一定的程度內是正常的，傾斜較嚴重的就必須補強，甚至有倒塌可能而無法補強的。至於是哪一種，通常法院會請專業單位作鑑定，需要補強的就減少價金，不能補強而有倒塌可能的，就解除契約了。當然，發現買到的房屋傾斜，也一定要記得，在發現的第一時間寫存證信函，把房屋傾斜或其他問題通通寫清楚寄給賣方，才不會喪失瑕疵擔保的權利。

3　注意裝潢

我看物件時，會注意賣方是否刻意用便宜的美耐板把牆壁整個包覆起來，看起來是整整齊齊沒錯，但基本上包起來也就

看不到下面究竟有什麼狀況。台灣北部是多雨潮濕的天氣，外牆如果防水沒有做好很容易就會出現壁癌的現象，台語有句話說「醫生怕治嗽，土水怕抓漏」，漏水、壁癌都是不容易處理的問題，賣方刻意用美耐板把牆壁包起來，就會讓我懷疑是不是想要隱藏什麼東西。

我寧可選擇牆面是舊油漆痕跡的，倒是可以比較清楚房屋的狀況，買了以後自己再請人重新油漆就好。當然也可以拿來跟屋主要求作為殺價的理由，價金是不是扣個二、三萬用來請人重新油漆。

4 杜德偉唱脫掉，看房子電燈通通關掉

杜德偉唱了一首歌叫『脫掉』，仲介帶看物件的時候，為了要清楚房屋本身採光好不好，通不通風，我會特別要求仲介把電燈、冷氣通通關掉，這樣才能清楚房子實際的採光好不好，是否通風。

在這邊我順便分享一下我當律師的心得，看待一件事情，往往站在對方的角度才會看得更清楚，一旦弄清楚兩邊的想

法，就可以無往不利。什麼意思呢？像我辦理家事案件，會建議當事人有必要時要錄音蒐證，同時，我也會提醒當事人小心對方可能也在錄音。有時候當事人告訴我，「對耶，律師，你上次說的沒錯，我覺得對方真的也在錄音耶，他東扯西扯，但總是繞著那幾個重點轉，好像在錄音」，為什麼當事人可以感受得到對方也在錄音？那是因為對方正在做當事人本來也想要做的事情，這就是「以其人之道，還治其人之身」，所以，一旦站在對方的角度，就可以把事情看得更清楚。

那這跟買房子有什麼關係？當然有！還記得我說我當房東帶看的時候，一定會把所有的燈光通通打開，冷氣也調到適宜的溫度，這是要讓房客感覺房子明亮、通風，那屋主打算把房子賣給我，高明的仲介一定也會用同樣的手段，「以其人之道，還治其人之身」讓我感覺燈光美、氣氛佳不是嗎？我的破解之道當然是要把電燈、冷氣通通關掉，才能明白房子本來實際的條件好不好。

所以，這本書不只房東可以看，房客更應該要看，我相信看過這本書的房客下次去看房子就知道該怎麼做了。

附帶一提，錄音可能會有妨害秘密的問題，具體個案還是要由律師給予個別建議。

5 查詢凶宅網

網路上有凶宅網，可以查詢物件或者物件坐落的大樓是否曾經發生過非自然死亡的事故，買房之前，就可以做一個篩選，避開凶宅。通常發生過凶宅大樓的物件，可能是我從新聞事件得知的，可能是我查詢凶宅網瞭解的，如果我事先已經知情了，我就不會購買了。

有人問過我，已經發生過非自然死亡事故的物件可以不要買，可是當房東難倒不怕房客在裡面自殺變凶宅嗎？

其實，怕熱就不要進廚房，總不能因為害怕發生車禍就都不出門吧？這是機率的問題，當房東的確都有可能會發生這樣的事，但我認為，與其一心期盼這樣的事情不要發生，不如事前努力避免這樣事情發生的機率，如果這樣做悲劇還是發生了，那也只能去面對了。

　　我之前提到過一個重點，房客的類型跟經濟能力其實跟房東選擇物件的型態相關，大家可以從這個角度去思考，避免這類問題發生的機率。

6　帶顆彈珠

　　我當律師曾經碰過買方買了房子才發現房屋傾斜，要求解約的案例。

「那你是什麼時候發現房屋傾斜？」我問當事人
「交屋以後請人裝潢，裝潢師傅量水平才告訴我，我的
　房子比較歪」
「那為什麼你交屋的時候沒有發現？」
「我不知道呀，交屋的時候沒什麼感覺，可是裝潢師傅
　告訴我房子歪了，我去看房子頭就開始暈暈的，然後
　才想到，難怪之前門打開會自己關起來」

　　買到傾斜屋，當然算是有瑕疵的物件，但不一定可以要求解約。法官會要求鑑定單位去現場測量，我一聽測量人員解說

才明白，房子蓋在土地上本來都會有一定程度的傾斜，隨著時間越久，土地上的房子還會把基地越壓越密實。所以，傾斜在一定程度以內的都算正常，超過一定程度需要補強的，只能減少價金，除非傾斜達到會有傾倒危險的，才能解除契約。

為了避免買到傾斜屋訴訟曠日廢時，看屋時記得帶顆彈珠去，本來地板為了洩水會有一定的斜度，所以縱使彈珠會滾動幾乎也是慢慢的，如果彈珠滾動的速度很快，那就代表房屋可能有傾斜，必須做進一步的測量來確認。

7 測試水量

看房的時候，房子裡有水龍頭的地方都要打開看看，水量是否正常，尤其是不管是瓦斯熱水器或電熱水器，都需要一定的水量才能啟動，水量小代表水壓不足，將來熱水器無法啟動就沒有熱水。

當然，也可以帶一支扁的螺絲起子，發現水量小的時候，可以用起子把水龍頭連接牆壁的凡耳轉大一點，看看水量是否

會增加，水量不足有時候也可能是因為水龍頭老舊，換掉就好了。總之，發現水量太小，一定要先釐清問題有沒有辦法解決，再來決定要不要買。

8　測試排水

房子的洗臉盆、浴缸，還有廚房、廁所的地板都有排水，洗臉盆、浴缸直接放水看排水是否順利，至於廚房跟廁所的地板，現場找容器裝水倒倒看有無堵塞。

9　測試馬桶

馬桶也很重要，記得按下去沖個水，看是否順暢，最好要有個『唰』一聲表示很通暢。

五、 決定買房底價

1. 調閱謄本

　　如果去看過房子，應該已經知道這個房子的門牌，你可以到地政事務所以該門牌號碼查詢地號及建號，然後請領該地號及建號之土地謄本以及建物謄本，上面就會記載目前屋主取得房屋的日期。當然，仲介的不動產說明書裡也會有謄本的資料，但只是讓你看一看，如果要看得更仔細或確認，就可以照上面的方式去領取。

　　這裡我要特別說明的是，戶政的資料並非任何人皆可以領取，但地政的資料必須公開，才符合物權公示公信的原則，所以任何人皆可以領取。

　　過去還沒實施奢侈稅的時候，如果屋主取得房屋的日期就在幾個月以前，現在馬上拿出來賣，那你就要曉得，這是投資客的房子，買來賺價差的，現在有奢侈稅的因素，所以如果屋主取得房屋的日期差不多是在賣屋之前兩年左右，那就有可能

是投資客的房子，為了避開奢侈稅只好持有二年以後再賣。總之，你可以從謄本上記載的資料來推知許多資訊。

另外，重要的是，由土地謄本及建物謄本上面設定抵押權的金額，就可以推算屋主跟銀行貸款之金額為何，通常抵押擔保的金額為借貸金額加兩成，據此推算屋主之前購買的房價，可以作為出價的參考。還有，屋主近期如有設定新的抵押借款，代表屋主可能缺錢，出價上就可以多一些殺價的空間。

2. 探尋房價

實價登錄以後可以參考內政部網站公布的成交價格，雖然公告的資料截頭去尾，又有時間差，但還是具有參考價值。

另外，各大房仲網站也會把物件內容刊登出來，有些還會公開成交價格，你可以逐筆檢視建物名稱、地點、坪數、價格，有時候你還可以發現同一筆建物在不同網站上竟然出現二種，甚至三種價格在賣，這有可能是屋主委託幾家房仲聯賣的結果，你可以把一些顯然不合行情的物件剔除，藉此得知該區域房屋成交約略的成交行情及價位。

3. 投資報酬率

投報率百分之四，相當於二十五年就可以把本錢賺回來，也就是每月收租一萬元的房子，設定的買價上限就是 10,000×12×25=3,000,000。如果價格超過三百萬，那投資報酬率就不到百分之四，依照我建議的標準，就不太值得買。

當然，用投資報酬率做為買房的標準，要注意識破賣方『點石成金術』的伎倆。

什麼叫做『點石成金術』呢？如同上面所說的，若買 3,000,000 元的房子，年報酬率 4%，一個月租金就應該收 10,000 元，那逆向思考一下，代表每月租金 10,000 元的房子可以賣 3,000,000 元，如果租金可以拉到 15,000 元，房子就可以賣 4,500,000 元，這整整差了 1,500,000 元。那聰明的賣方知道買方是用投資報酬率來換算房價，會不會刻意製造高租金然後帶著租約賣房子呢？這就是我說的『點石成金術』。

像有些人會刻意去找一樓原來是開機車店的店面，買來以後換成租給便利店，拉高租金，『點石成金』一下，房價自然

不可同日而語。當然這是人家的本事，但是買套房千萬要注意，當賣方說的租金明顯高於區域行情，就要小心有問題，誰知道現在的承租方會不會租約到期就不租，甚至於提早解約，再也找不到願意用相同租金來承租房子的房客了。

六、 出價技巧

看到喜歡的房子，當然我會出價，一開始一定要比自己心裡設定的價格還低，因為通常賣方還會加價，其實這跟我平常當律師處理車禍談和解的經驗挺像的，通常被害者希望多拿一些，肇事者希望少賠一點，所以被害者一開始會開偏高的價格，肇事者一開始會開偏低的價格，這都是很稀鬆平常的事。

不過記得出價低一些也要在合理的範圍內，千萬別開太離譜的價格，否則仲介可能聽完你開的價格就不理你，連談都不用談了。

不管怎麼談，雙方價格總還會有差距，這時候仲介就會約我跟屋主見面談，像我之前去簽約中心一樣。我發現一件很特別的事情，每次去談買方總不只我一組，通常房仲會說隔壁那一桌也是要買你想買的這間房子，你的出價跟屋主願意賣的價錢還差三十萬元，偷偷告訴你，隔壁那桌比你的出價還多？你願意加價嗎？

　　原來所謂隔壁另一組人馬的用意，擺明了就是要你加價，你覺得隔壁的客人是買真的還是買假的？還好我的經驗豐富，我才不管別人用什麼樣的伎倆跟手段，我的心裡面只考慮三件事，第一，這是符合我條件的房子，我決定可以買。第二，買來出租的年報酬率至少要有百分之四。第三，我最終的出價一定不會超過我心裡設定的底價，而通常我心裡設定的底價，出租的年報酬率至少要有百分之四。

　　於是我決定，在我心裡設定的底價範圍內再往上加價十萬元，事實上離我推算年報酬率至少要有百分之四的價格還便宜十萬，當場我是這樣跟仲介說的，這是我最終的價格，我抱的心態就是『得之我幸，不得我命』，如果買不到，那就祝福隔壁桌的吧，我不會再加價了。

　　猜猜怎麼著，最終我買到了。

　　「出價」是一門極高的藝術，有時候只能意會，不能言傳，我有順利以我設定的價格買入的房子，當然也有幾間真的很遺憾被別人買走了。所以有時候想想，買房子當下出的價格也許高了一些，但順利出租幾年回頭來看，你又會慶幸還好當

初有用合理的價格買下這間房子。

其實買房子跟買股票也蠻像的，我寧願用合理的價格買進條件不錯的房子，也不願意用比較便宜的價格買進條件不佳的房子。也許你會說，房子更便宜投資報酬率不是更高嗎？錯，第一，條件不佳的房子租金開不高；第二，條件不佳的房子可能沒人租，那投資報酬率是零。

記下我買房子考慮的三件事，第一，這是符合我條件的房子，我決定可以買。第二，買來出租的年報酬率至少要有百分之四。第三，我最終的出價一定不會超過我心裡設定的底價。

第 5 招

整理房屋絕招

一、 買房兼送租約，完全不用整理

買房子有時候是個緣份，像我曾經買過一間靠近公園的房子，前屋主是租給別人當辦公室，租約尚未到期，我買下以後依據法律「買賣不破租賃」的原則，變成我是房東，這位房客之後也一直繼續承租，到目前為止已經超過六年的時間，也就是從我買了房子到現在超過六年，我連鑰匙都還沒拿到，但權狀確定是我的名字，每個月也都收到租金，所以這當然不是遇到詐騙集團啦。

像這樣可以遇到買房兼送租約，房子根本不用整理馬上收租金，確實是一筆划算的買賣。但是我前面章節提到過，如果是賣方用『點石成金術』刻意製造高租金然後帶著租約賣房子來提高賣價的情況，要小心避免，不要被不合一般水平的高租金給騙了。

二、 自住型前屋主，室內傢俱家電高檔，減少整理時間

當然像上面的例子可遇不可求，通常房子買來之後都要經過適當的整理，我發現前屋主如果是自住型的人，通常室內的傢俱、家電都比較高檔，而本來就是用來出租型的屋主，他原來買的傢俱、家電相對就會比較便宜。

像我遇過一個前屋主是自住型的，裡頭擺放成套的原木傢俱，縱使有點歲月的痕跡，仍然保有樸實原木的美感，我在簽約時當場就跟屋主商量，先讓我進去拍照，回來就先用照片在 591 租屋網刊登租屋廣告，看屋的時間就排在交屋當天。我記得那天是星期六上午交屋，下午我就已經把房子租出去了，我拿到鑰匙不過才短短幾個小時的時間。

不過，我也遇過一個前屋主也是自住型的人，房子賣給我的時候，把傢俱通通搬空，交屋我進去以後才發現，包括冷氣還有壁掛的洗碗機也拆走了，我就得花時間跟金錢把傢俱、家電補齊才能出租。所以，下回遇到買房子說要附送傢俱、設備的情況，一定要在合約裡頭寫清楚，才不會到頭來一場空。

三、　網路特價家電超划算

出租房屋內部所需的各項大型家電用品，包括冷氣、洗衣機、冰箱、電視等，我幾乎都在網路上購買，可以透過網路比價，刷卡付費，還可以約定送貨時間，包括到場安裝到好，很方便，有時候還可以碰巧遇到網路特價的商品，又省下一些經費。

像在以前 32 吋的液晶電視，大品牌大概一萬多元的時候，我就買過一台 6990 元他牌的液晶電視，其實液晶面板都是幾家大廠製造出來的，品質相去不遠，差別只是組裝廠商不一樣，而且有些特價品只是電視外框刮傷，根本不會影響功能，就很值得買。

也許有人會問，怎麼剛好你要買的時候就有特價？其實很簡單，房客電視確定壞了，我會先把家裡的電視搬過去給房客用，自己家裡可以慢慢等，有特價再買回來看。所以我家客廳的電視送來紙箱要先收起來不能丟，因為日後可能要包裝起來送去跟房客替換。

　　網路更方便的是，房客告訴我哪樣設備壞了，我就會親自去看一趟，如果確定無法維修，我就回來透過網路比價、選購，確定送貨時間後告訴房客，之後就交由網路商家送貨、安裝，節省我管理房屋的時間。

◎ 購買電器用品的紙箱，會特別留存以備使用！

四、 特殊物件網路通通有

我買的套房幾乎都是中古屋，很多東西是前屋主留下的，有一次房客告訴我冷氣的遙控器壞掉了，冷氣完全是好的，但是我去店面都找不到適用的遙控器，連打電話問原廠都說這個機型是日本原裝進口的，又是舊機型，所以遙控器備品都沒有了，後來我在網路商店買到同型的遙控器。

還有一次房客跟我說馬桶蓋裂了，偏偏又是特殊規格，去了一趟大賣場也找不到，最後也是在網路商店買到的。

另外有一次，管理員告訴我房客的冷氣會滴水，本來以為是排水管掉了，上去一看，原來是冷氣下面鏽蝕，已經破了一個洞，水就不斷滴下來，但是冷氣的功能完全正常。於是我就回來用網路查詢『冷氣滴水』，查到有滴水盤這個東西，可以綁或鎖在冷氣下方接水，就不會滴到樓下去了。我發現滴水盤在網路上又叫『冷氣機用滴水盤』、『冷氣集水盤』、『冷氣機接水盤』、『冷氣機接漏盤』，其實都是一樣的東西，只要花點時間，有點線索就可以查到這麼多的資訊，於是我買了一

個滴水盤才花一百多元，自己動手裝上去就解決了冷氣滴水的問題，本來還以為要把冷氣換掉，那錢就多了。

所以網路上還真的是什麼都有，什麼都不奇怪！

五· 善用系統傢俱，室內整體規劃節省時間

　　既然房子買來之前都要經過適當的整理才能出租，那如何用最短的時間，最小的花費來整理房子就很重要。

　　除非你買的房子是挑高，有必要請人裝潢施做夾層以外，我建議用系統傢俱會比較節省時間，也比較省錢。

　　上面我提到，遇過一個前屋主房子賣給我的時候，把傢俱通通搬空，冷氣還有壁掛的洗碗機也拆走了，那是我第一間投資的套房，裡頭幾乎空無一物，所以我就到傢俱行買了床架、彈簧床，到家樂福買書桌、椅子、衣櫥，冷氣則是請人從我辦公室放檔案的房間把冷氣拆下拿去洗，洗完就裝在這間套房來出租。但畢竟是一開始投資比較沒經驗又想省預算，所以買來的傢俱比較不高檔又欠缺整體感，租了幾年下來因為耗損也有更換的必要。

　　無意間翻閱 IKEA 傢俱的目錄發現，IKEA 有做室內整體規劃，費用為五千元，但只要購買產品超過六萬元就可以抵掉。我本身原來就很喜歡 IKEA 傢俱的風格，我發現很多年輕

族群也超愛 IKEA，而且我每次帶看，發現來看套房的房客年齡層大概也是屬於這個族群，於是我就跑去 IKEA 設計部門登記，請他們來做設計規劃。

首先要先去逛 IKEA，有各種房型可以參觀，選擇自己喜歡的風格以後告訴設計人員，然後 IKEA 就會派人先來丈量房屋格局及尺寸回去，依照你喜歡的風格畫好設計圖以後，會用先電子郵件寄過來，看過之後再到 IKEA 跟設計師做細節的討論。

我記得當時 IKEA 提供的設計圖裡頭還包括 3D 立體圖，可以很清楚看到未來施作完成後的室內實景，IKEA 還有提供安裝的服務，確定好所有的規劃內容跟採買的傢俱品項以後，IKEA 會將所有東西送過來，櫥櫃你可以選擇自由擺放或固定在牆壁上，那次只花了半天多一點的時間就通通安裝好了。

其實我以前也買過 IKEA 的單項產品回來，但擺在家裡就是比較沒有 IKEA 的 FU，這次整間房子都用 IKEA 的傢俱，連電燈也是，燈光一打果然 IKEA 的 FU 就跑出來了，算一算我總共花了十萬出頭將上面提到的套房重新裝置一番，改裝前

租金為九千五百元，改裝後租金調整為一萬三千五百元，幾乎漲了五成。其實各位不要覺得我黑心，事實上是我太好心了，房客續租的時候我幾乎不會調漲租金，而改裝之前的房客連續住了六年，我都沒調過房租，六年來板橋房價漲幅可觀，本來就應該調房租，另外我重新花了十多萬元買 IKEA 這也是成本，所以當然有調漲租金的必要。

花了十萬出頭將套房重新裝置一番，租金調漲四千是否划算，其實見仁見智，像是我太太一開始並不太贊成，但我跟她說，室內傢俱舊了又沒有一體感，房客承租意願不高，閒置期會比較長，一個房子買起來幾百萬，只要多花十幾萬重新買家具，租金馬上多五成，這很划算，光調漲多出來的租金兩年多就可以全部回收重新裝置的成本，而且單價較高的傢俱，像沙發、衣櫥……IKEA 都有十年的保固，也不會在短短幾年內就損壞，應該值得一試。

房子重新裝置完成以後招租，房客果然反應熱烈，再加上我後面會介紹的帶看房屋絕招，新承租的房客完全沒殺價，甚至排序較後的看房者，因為沒租到還不停搖頭嘆息，我想這又是一次成功的經驗。

【包租實用招式】
　　律師包租公教您輕鬆包租的十大絕招

第 6 招

布置房屋絕招

一、 喜歡物件的特色

　　我平常都會維持固定時間上網瀏覽售屋、租屋網站的習慣，而且會把不錯的物件照片蒐集起來放一邊，另外也會把感覺不喜歡的物件照片蒐集起來放在另一邊。時間久了，兩相對照之下，我發現感覺不錯的物件有一定的特色，我感覺不佳的物件也有同樣的缺點。

1. 感覺不錯的物件

　　看照片選我喜歡的房子，通常都有經過適度的布置，明亮柔和的燈光，最重要的是都有鋪上床單，感覺溫暖的床，有的屋主還很用心布置，就像飯店、民宿一樣，床上還會擺上抱枕、小熊、床飾巾，光看就讓人覺得很溫馨。

大概是當包租公職業病的關係，我偶爾去外面住民宿或是飯店都會特別注意隔局、裝潢、還有布置，遇到不錯的概念就記起來，下次用來布置自己的房屋。

不過現在住宿還真不便宜，一晚常常都要幾千塊，甚至將近萬元，當然那是包含食宿的費用，想一想我一間房子出租一個月不過才萬把塊，在外面住一晚就幾乎花光光，實在有點捨不得，只能偶一為之囉。

2. 感覺不喜歡的物件

至於有些房子我不喜歡，因為房子裡空蕩蕩的什麼都沒有，有些雖然買了床，但上面就只有一塊還包著包裝袋的彈簧床，當然我知道那代表彈簧床是全新的，但是看起來就是覺得冷冰冰，不夠溫馨。

有些房子中間還擺著施工用的木梯，天花板還垂下幾條電線，還有人穿著汗衫被拍到照片裡，這些我都把它放到不喜歡的那一邊。

　　我私下會想，難道出租真有那麼急嗎？不能等到房子整理好了，木梯收起來，人走開再拍照嗎？房屋照片可是未來可能的房客看到房子的第一印象，一定要拍的美美的才容易吸引人，提高來客率，增加租出去的機會，不好看的照片會嚴重扣分喔。

二、 買房出租一定要美化

　　看房子、買房子我會有所選擇，房客租房子當然也會選擇想要承租的房屋。我會上去 591 租屋網查詢，上面連幾日成交都會公布，找出在極短天數內成交的成功案例，歸納發現都有我上面說的一些特色，例如有鋪床單、簡易布置、燈光明亮等，有志當包租公者也要學習仿效，把自己的房子包裝的美美的，絕對可以加快出租的速度。

三、 花小錢布置美美溫馨窩

應該有很多人很喜歡去逛 IKEA，明明家裡的空間比 IKEA 還大，為什麼 IKEA 的房間看起來特別美？其實就是差在布置。既然大家都喜歡選擇美美溫馨的房屋，我公開累積多年包租公的經驗，教大家幾個不花大錢的方法：

1. 鋪床單，『三天快速出租法』

鋪了床單，會讓整個室內空間感覺比較溫馨，而且可以利用床單的花色對比來做一些美化。

我會準備一組拍照專用的床單，另外，還會趁網路打折時多買一些不錯的床單送給需要的房客一套。打折不代表品質不好，省錢又能買到好品質實在很划算。

實際的做法就是，先用一套要送給房客的床單包彈簧床，上面再包上拍照專用的那組床單以後拍照，等帶看以後房客決定要租了，我會把拍照專用的那組床單收起來帶回家，當然這是有伏筆的。

　　等到租約屆期前，如果房客決定不續租，在房子收回前我就可以直接用原來拍的照片提前登在網路上招租，等收回房屋帶看的時候，同樣帶一套要送房客的床單先包彈簧床，上面再包上原來收起來拍照專用的床單，這樣每次換房客時都可以在租約到期前，就提前用同一組照片直接登租屋廣告，不用另外再拍照。而且，來看房者看到的依然是與照片相同的同一組床單，現場跟照片完全一模一樣，不但可以節省很多時間，避免閒置期，房客也不會覺得照片跟現場不同，產生被騙的誤解。

　　床上還可以擺上一些抱枕、鋪上床飾巾，感覺會更有 FU。通常房客決定不續租收回房子，隔天打掃，第三天把床單鋪回去帶看就可以租出去了，這就是『三天快速出租法』。

【包租實用招式】
　　律師包租公教您輕鬆包租的十大絕招

◎ 這套床包，可是專門配合租屋廣告的照片，做為帶看時用的！

2. 燈飾

　　既然用的是系統家具，就沒有辦法像裝潢一樣能夠用嵌燈來打光，增加照明，這時候可以選擇去「特力屋」，就可以找到很多各式風格的桌燈、檯燈，價位都不貴，買個燈飾點亮，帶點燈光來拍照效果都不錯，記得帶看時要打開點亮來增加氣氛。

3. 小玩偶

　　如果房子裡有很多儲櫃，空蕩蕩的拍照感覺很孤單，我會從家裡隨手拿一些玩偶、小飾品去擺設，家裡還有一套很久不看的百科全書，封面很漂亮，我會拿幾本放在空著的書櫃上，拍照起來才不會顯得孤單。

　　當然，帶看以後房客決定要租了，同樣要記得把玩偶、小飾品、百科全書收起來帶回家，下一次收回房屋帶看時再帶去，依照原來拍照的方式擺放。

　　所以，每回換房客的時候，我會拉拖車帶二組床單、抱枕、床飾巾、玩偶、小飾品、百科全書去擺，房客決定要租了，再把一組拍照專用的床單、抱枕、床飾巾、玩偶、小飾品、百科全書通通帶回來。別人以為我是要搬家，其實我只是去帶看。

◎ 拖車可是用來裝書、裝玩偶......各種「道具」用的！

【包租實用招式】
　　律師包租公教您輕鬆包租的十大絕招

◎ 利用可愛的俄羅斯娃娃、
　 裝飾小物......可以點綴環
　 境氣氛。

◎ 音樂專輯的外箱，也可以
　 拿來布置。

4. 壁貼

　　如過牆壁都是白色的，為了增加室內的活潑度，可以選一面牆來裝飾，曾經有設計師建議我貼上整面量身定做深色的強化玻璃，但那價格實在太貴，我會選擇漆上淺綠或橘色的油漆，或者貼上壁紙就可以了。

　　如果嫌麻煩的話，像現在特力屋或 IKEA 也有賣壁貼，可以買回來做裝飾。不過記得適度就好，千萬別貼的滿滿都是，會顯得很雜亂。

【包租實用招式】
　　律師包租公教您輕鬆包租的十大絕招

第 7 招

刊登租屋訊息絕招

廣告來源不同，房客也會有所不同：

一、 張貼公所布告欄的缺點

　　張貼在電線桿會被罰錢，這絕不可行，相信大家都看過那個「只要兩百，春ㄟ嚨免」的電視廣告了，至少要付費張貼在公所設立的布告欄。

　　但是，我曾經站在公所設立的布告欄前面，仔細觀察來看租屋廣告的客層，通常都是一個年輕人或一對男女朋友，背個包包，拿著紙、筆猛抄，有的當場就打電話聯絡是否可以直接去看房子，感覺上好像是剛從中南部上來，要趕快找個落腳的地方，我會比較擔心這類房客的經濟能力，所以通常我不會將

租屋廣告貼在公所設立之布告欄，而是選擇在網路刊登租屋廣告，因為房客看得到我在網路刊登的廣告，代表他至少有電腦及網路可以使用，不管是使用家裡或公司的電腦，感覺上經濟能力會比較穩定。

不過，現在智慧型手機很發達，透過手機也可以直接看到網路刊登的租屋廣告，這樣的區別就比較不明顯。但是，公所布告欄通常僅能張貼一張 A4 大小的廣告，根本無法將租屋屋況做完整的介紹，所以還是在網路刊登租屋廣告，房屋的資訊比較能夠完整呈現。

二、 張貼大樓公佈欄的缺點

　　我曾經張貼租屋廣告在我辦公室大樓的公佈欄，之後有一位同棟的住戶看到以後就介紹朋友來租，一開始我以為這樣的方式很方便，但後來問題就發生了。

　　住戶的朋友自稱是一位老闆，要租房子當員工宿舍，看完房子就立刻決定要租下來，當場簽約並付清押金及租金，之後就有兩位女孩搬進去。但一個月過去以後，戶頭裡沒有匯入下個月的租金，當然依法誰跟我簽約我就找誰付租金，但畢竟住在裡頭的是這兩位女孩，於是我先跟她們聯繫，我的意思是說既然房子是你們在住，你們應該要去找老闆付房租給我，她們說房子是老闆租給他們住的，要租金去找老闆要，我只好自己去聯繫老闆，之後老闆才把租金匯進來。但過沒幾天，警衛打電話給我……

「蔡律師嗎？你可以過來拿鑰匙了。」

「什麼鑰匙？」

「你房子的鑰匙啊？你房客早上搬走了，把鑰匙寄放警
　衛室，你不知道嗎？」警衛這樣跟我說。

　　什麼！我的房客搬走了，我是房東居然不知道，因為租金是預付而且還有押金，我後來還是透過介紹的那位住戶把超收的租金及押金還給那位老闆。

　　所以利用辦公室大樓的公佈欄張貼租屋廣告，結果透過住戶介紹的房客違約又要礙於情面，顧這顧那的實在很麻煩，我後來就再也不透過自己大樓的公佈欄張貼租屋廣告了。

三、 網路刊登租屋廣告的優點

1. 只透過網路刊登租屋廣告

　　我最終也是唯一刊登租屋廣告的管道，就是透過網路。像 591 租屋網或好房快租我就覺得很好用，可以直接放上多張彩色照片並附註詳細文字說明，讓房客尚未至現場看房，光透過清楚的照片就能充分瞭解房屋各項情況，縮短看屋時間，並增加房客租屋機率，此絕非公所布告欄 A4 大小之紙張可以取代，而且網路瀏覽人數也會比公所布告欄多出許多，這也可以增加出租的機率。

　　好房快租的好處是免費，還有提供 591 物件同步刊登小幫手，如果在 591 有刊登出租物件的人，只要複製 591 刊登頁面網址直接貼上，就可以同步刊登在好房快租，既然是免費又可以多一個曝光的管道，房東可以多加利用。

2. 美美的照片很重要

　　看屋者第一步就是透過照片來認識房子，而我上面說過了，通常房客喜歡看起來溫馨舒適的房子，所以拍照前當然要照我前面教的方法，替自己的房子好好梳妝打扮一番，記得要鋪床單，利用燈光、布置一下，這樣才能拍出美美的照片放上網路，讓房子光從照片看起來，就是跟別人的不一樣。

　　如果房子本身條件不差，結果看屋者光看照片就列為拒絕往來戶，這是件很可惜的事。

3. 照片跟現場一模一樣

　　美化房屋以後拍照，照片呈現的內容應該就是現場看到的實況，千萬不要只用美美的照片來騙房客，房客看到的照片要跟現場一模一樣才行。不然，現場跟照片差很多，房客也不會承租，還會覺得被房東騙了，這只是浪費彼此的時間而已。

　　至於如何讓房客看到照片跟現場一模一樣，又不用每次換房客就重新拍照，可以參考上面說過的第六招布置房屋絕招來

布置美美溫馨的小窩，並利用收回拍照床單的方式來縮短閒置
期。

4. 照片刊登越多越好

有多少張照片就刊登多少張照片，像 591 租屋網跟好房快租最多可以放 15 張照片，我一定會拍 15 張解析度較高的照片放在網路上，照片越多越清楚，房客就能越瞭解房屋各項情況，包括格局、擺設、各項電器、設備等，看過照片不喜歡的人根本不會聯絡，而會聯絡預約看屋者通常是透過照片已經蠻喜歡這間房子，清楚的照片可以增加承租的機會，也可以把不會承租的人排除，避免浪費時間。

我也看過有人刊登租屋訊息，只放二、三張照片，我其實也不太懂他們的心態是什麼，難不成是房子怕人家看？不過既然是租屋廣告，為達成廣告宣傳的效果，不是越多人看，看的越清楚越好嗎？如果登照片東閃西閃，這恐怕是買的房子有問題，真要有房客看了不清不楚的照片過來，恐怕願意承租的機會也不高。

像我會拍大廳、房子裡面各個漂亮角度、廁所的照片，如果數量未達十五張，還可以拍洗衣機、冰箱的照片，每張

照片下方均附以簡短的介紹說明，例如「燈光美氣氛佳歡迎入住」、「悠閒午後坐在這泡茶喝咖啡真不錯」、「有床頭燈在床上也可以優閒的看本書」，總之，房子裡有什麼就盡量拍給房客看，盡量不要浪費可以刊登照片的張數，避免房屋乏人問津。

<本章節以下資訊附圖，部分取自於：591 租屋網>

5. 增加競爭力加價 VIP

　　過去我只使用最基本不額外加價的租屋服務，所以租屋網
站每天只會提供一次更新排序的機會，我會選擇每天晚上八、
九點左右，看屋人數最多的時候上去更新，不能太早更新，不

然後面會有人一直更新把你的租屋廣告擠下去，等到晚上八、九點左右看屋人數最多的時候，你的廣告已經跑到很後面去了。我一直只用最基本不額外加價的租屋服務一段時間，配合熱門時段更新，效果也很不錯。

「昨日瀏覽」

如何讓廣告成為瀏覽人數最多的熱門焦點？

是有特別「眉角」的。

（首刊次日即有 211 人點閱）

「昨日瀏覽從多到少」
瀏覽人數決定了廣告刊登的排序！
首位排序就等於是出租廣告 100% 的曝光率。

共找到 **423** 間房屋　　排序：昨日瀏覽從多到少 ▼　刊登時間　坪數　金額　昨日瀏覽

板橋新板特區旁交通便利近捷運溫馨小豪宅 VIP
天下大市　新北市-板橋區 民族路222巷　　　　16坪　13,500元　211人
獨立套房,樓層：3/14
2小時內更新　屋主 劉小姐
15張照片　　◆地區　收藏　問答(2)

照片刊登（愈多愈好）
15 張全部登滿！

　　另外，如果你的房子很漂亮，很吸引人，那麼【昨日瀏覽】人數的排名也會在前面，這樣也會讓隔天看到的人數更多。

　　但是，這幾年我發現使用加價 VIP 的人越來越多了，VIP的意思就是縱使你的房子閱覽人數比別人高，但他是有使用VIP 的，排名還是會在前面。光個板橋區套房 VIP 就占了六、七頁，如果不使用加價 VIP，那房子頂多從第七頁開始排名，這是會影響未來看得到的閱覽人數的，所以我也被迫必須使用加價 VIP 的服務。

　　加價購買 VIP 的服務可以事先設定更新時間，也不受每天一次更新排序的限制，換算一下，不過只多了幾百塊錢，能夠早一天出租出去，也划算了。

6. 刊登時間很重要

　　我會選擇每天一大早七、八點刊登租屋廣告，因為 591 租屋網會統計每天瀏覽人次還會有排名，從一大早刊登累積到午

夜十二點的瀏覽人次比較多，很多房客會選擇【昨日瀏覽從多
到少】的排序功能來搜尋，這樣你的房子的排名會比較前面，
假如晚上十點多才刊登，那麼累積到午夜十二點的瀏覽人次會
少很多，隔天房客按【昨日瀏覽從多到少】，你的房子的排名
就會跑到比較後面去。

　　所以，前一天瀏覽人次比較多的，隔天瀏覽人次也會比較
多，這是刊登的小技巧。

　　上面的技巧，可不是說說而已，這邊我要拿出在 591 租屋
網實際刊登租屋廣告的證據，連續六天在【板橋區】＋【獨立
套房】的找房條件下，【昨日流覽人數】都是第一名，之後第
七天就出租出去了。連續六天都是第一名，當然可以證明，這
些技巧可都是經過市場千錘百鍊的考驗喔！

【包租實用招式】
　律師包租公教您輕鬆包租的十大絕招

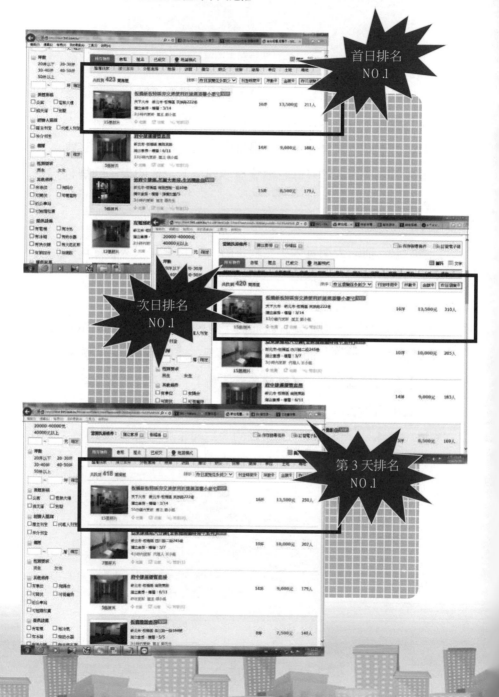

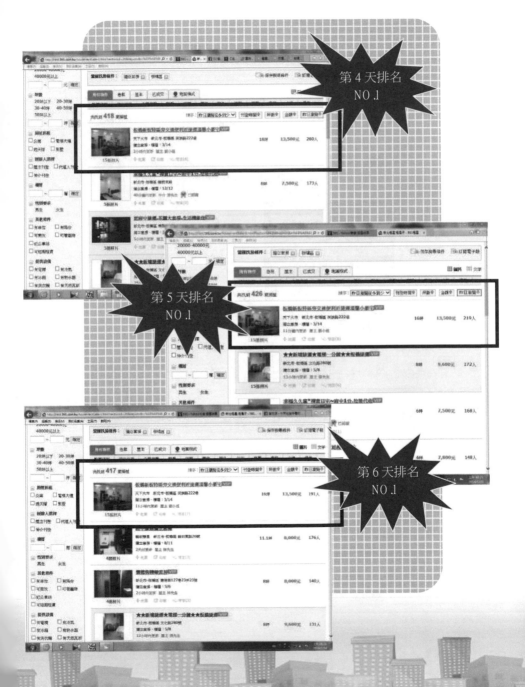

【包租實用招式】
律師包租公教您輕鬆包租的十大絕招

◎ 不但七天就成交，而且連續刊登瀏覽人次都是第一名！

（總瀏覽人數累積高達 1587 人）

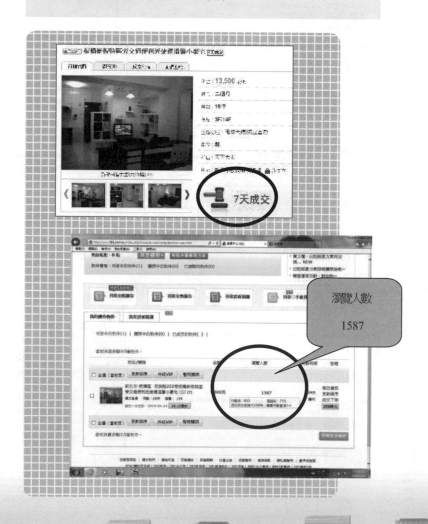

四、 瞭解競爭對手

在買房之前，你應該已經按照前面說的，先瞭解這個區域出租之各項條件了，那刊登租屋訊息的時候還要瞭解以下的資訊：

1. 瞭解同棟有哪些物件正在出租？
2. 別人的房子條件如何？
3. 別人的房子租金多少？
4. 自己的房子相比之下有沒有優勢？

瞭解這些資訊，就可以做出策略，增加房屋出租的機率。舉例來說，如果我發現同棟有跟我房子各方面幾乎都差不多的物件也要出租，也許我可以多放台微波爐，增加房客選擇的機會。

總之，你要站在房客的角度去思考，如果換成是你要承租房子，你會選擇哪一間？從這樣的角度替自己的房子加分，自然可以增加出租的機會。

【包租實用招式】
　　律師包租公教您輕鬆包租的十大絕招

第 8 招

帶看房屋絕招

一、 帶看要集中

　　刊登租屋廣告以後，應該陸陸續續會有人看到開始打電話過來，不要一個打來就單獨帶一個去看，這樣效果不好，也比較花時間。

　　更何況通常房客在租約到期前告訴我不續租時，我已經提前去登廣告了，房客還住在裡面，我房子也還沒收回來，為了尊重房客，我也不會帶人去看。

二、 十五分鐘安排一位

接到電話應將看屋者集中安排於某一天的不同時段，因為要留一天的時間打掃，所以通常在房屋收回的隔天打掃，第三天安排帶看，每十五分鐘一位，例如二點一位、二點十五分一位、二點三十分一位，餘此類推，看屋安排集中在同一天可以節省很多帶看的時間。

為什麼每十五分鐘安排一位？根據我多年的經驗，雖然有些人在約定時間之前已經找到房子會禮貌性打電話來取消，有些人不來也不會打電話。既然每十五分鐘安排一位，就算有一位沒有來，下一位也很快就到了。

三、 製造競爭的現象

　　我曾經看過「天下雜誌」拍的一段影片，介紹王建民成長的過程，內容說到王建民能夠進入洋基隊，當時北體的系主任林敏政是個大功臣，原來當時有好多球隊都要王建民，為了幫王建民爭取最好的條件，林敏政就安排了一場室內集體測試，讓球探競標，為什麼要在室內而不是室外呢？因為在室內補手接球的回音很大，會感覺球特別強勁。那為什麼要集體測試而不是單獨測試呢？這是要球探趕快開價，不然別的隊就來搶，造成競爭的場面來得到最好的條件。

　　看到這一段內容，我就想到，原來找房客也要跟王建民找球隊一樣，製造競爭來得到最好的條件。

　　通常我找房客的時候，安排看屋的時間盡量從白天開始，而且，我會將看屋者集中安排在同一天看屋，每位大約間隔十五分鐘。看屋的時間安排在白天而非晚上，是因為白天的採光好，我還會將電燈通通打開，讓室內看起來更為明亮，這就好像王建民在室內辦測試，感覺球特別強勁是一樣的道理，房子在白天看起來會更明亮。

　　至於看屋者集中安排在同一天看屋，每位大約間隔十五分鐘，有的時候前一位遲到一點點，後一位早到了一點點，所以常常就會有二位看屋者同時在房子裡，這不就製造出競爭的局面，看屋者如不盡早決定、出手，搞不好就被別人租走了，你看，這跟王建民辦集體測試，要球探趕快開價，不然別的隊就來搶，造成競爭的場面來得到最好的條件，不是一樣的道理嗎？

　　不過，我也未必會將房子租給出價最高的人，就像王建民當初選擇洋基隊，並不是出價最高的球隊，我要找的是穩定的房客，要不然以後收不到房租怎麼辦？

　　前面提到過每十五分鐘安排一位，有一位沒有來，下一位也很快就到了。而且，除了有人不來以外，通常不會準時，常常某位遲到一點，某位早到一點，這樣就可以經常維持房子裡面總是有二組以上的人看房子的熱烈現象。

　　我發現當只有一組房客在房子裡，他會仔細看你的房子，但當房子裡有兩組房客在看房子，他除了看房子，還會觀察對手。

有一次一對看房子的男女朋友就大喊：「慘了啦，人家在掏錢了」

他們說的是比他們早來的房客已經決定要租屋了，掏錢當然是為了要付租金跟押金呀。

所以，當有兩組房客同時一起看房子，不但租得快，在有競爭的情況之下，通常房客也不會殺價。

四、 打燈、開窗，營造環境氣氛

　　之前我一直提到房子要經過適度的美化，燈飾除了點亮拍照以外，房客來看房子的時候，一定要記得把所有電燈通通打開，甚至連抽油煙機附的燈也打開，冷氣也要記得打開，調到合適的溫度，這樣才能讓房客充分感受到通風涼爽，燈光美、氣氛佳，增加出租的機會。

　　我的職業是律師，在不同的案件裡，一下是原告的律師，一下是被告的律師，所以我習慣用對立的角度來思考問題，這樣才能知己知彼，百戰百勝。當房東的要如何找房客我教你，反過來當房客的如何挑房子我也想教你，既然房東都挑白天讓你看房子，還把電燈通通打開，杜德偉不是唱了一首歌『外套脫掉、脫掉，通通脫掉』，聰明的房客應該要唱『電燈關掉、關掉，通通關掉』，看看室內是否真的明亮，懂了嗎？同理，買房子也一樣，去看物件的時候，電燈也要關掉，冷氣也要關掉，這樣才能明白房屋是否明亮，是否通風。

第 9 招

簽訂租約絕招

一、 租約要公證

我當律師，常常幫別人處理欠租的問題，也許很多人都有一個印象，房客不繳租金，不是會同里長跟警察一起進去清空房子就好了嗎？『錯』，小心這樣會被房客告妨害自由及侵入住居，而且，現在大概也不會有不懂法律的里長或警察會陪房東去做這種事。

這裡要來講解一下，依據民法的規定，房客租金支付遲延，房東要先定相當期限，催告房客支付租金，如果房客在期限內還不支付租金，房東才可以終止契約。而且，房客遲付租金之總額，還要先扣掉押金，如果積欠的金額尚未達到二個月之租金總和，也不可以終止契約。

　　也就是說，遇到房客不付租金，不能馬上終止租約，通常必須先用存證信函通知房客，要房客在函到幾日內，例如五天或七天內支付租金，假如房客還不支付才可以把租約終止，並要求房客返還房屋；而且前提是房客欠的租金累計已經達到二個月才能這麼做，如果有收押租金的，還要把押租金先扣掉。

　　那是不是說房客積欠租金已經用存證信函通知了，累計也已經超過二個月了，房客還不搬，就可以直接進房客的房子把房客趕走？

　　『還是錯！』

　　關於終止租約及返還房屋，都必須透過訴訟的程序，打贏官司之後再聲請強制執行。而且關於打官司的部份，有可能一審勝訴了，房客就繳一點點上訴費，繼續上訴來拖延訴訟，在官司確定之前，房客顯然就是不給錢要住免費的，等於房客花一些上訴費，如果官司多拖個半年，就省去半年的租金囉。當然訴訟裡可以一併請求房客給付所積欠一直到搬遷前的租金，但要是房客脫產，什麼都沒有，甚至連工作都辭了也沒有薪水可以執行，那房東可是會求償無門的。

　　難道房客就可以不付錢嗎？沒錯，這只是民事糾紛，房客沒有財產可供執行，就是一直欠下去。

　　如果不透過訴訟，直接進房客的房子把物品清空，那還是會構成侵入住居及妨害自由，就有房東因此被起訴的案例，不可不慎。

　　看到這裡，應該很多人一個頭二個大了，原來房子租給人家這麼麻煩啊。其實房東有一個方式可以運用，那就是簽訂租約時要公證，並且要特別註明租約到期房客返還房屋作為逕行強制執行的事項。過去公證一定要到法院公證處辦理，現在也可以到民間公證人的事務所辦理，效力跟法院都是一樣的。

　　除了公證，還有一個方法可以這樣做，第一次跟房客簽約只簽六個月，並且照上面說的去公證，至少先收到一個月租金跟兩個月押金對不對？假設後來房客就不繳租金了，那就等到六個月租約到期，直接拿公證的租約到民事執行處請求執行，要求房客返還房屋，那就可以不用打官司，也可以避免房客藉由拖延訴訟一直住免費的情況，而最終的損失大約就控制在三個月的租金內。

很多人都覺得公證很麻煩，但我當律師真的看到很多人一直等到房客不繳租金後又不搬走，面對遙遙無期之訴訟，就逕行進入房屋遭檢察官起訴侵入住居或妨害自由，才後悔當初沒有去公證，我要提醒大家千萬不要這樣做。

二、 約定提前解約的法律效果

　　房屋出租有空檔閒置期，應該是房東最不想發生的事情，最常見的租約是一年一簽，通常房客也會住到租期屆滿，但有時候房客或許因為工作、結婚因素，必須提早解約，我就遇過男女朋友一起合租，後來分手了，所以提早解約，我想，是怕觸景傷情吧。

　　沒有房東希望房客提早解約，重要的是去瞭解房客解約的原因，如果是因為房屋有瑕疵，那房東就要注意改善造成房客提早解約的因素；如果房客是因為像上面我說的私人因素想要提早解約，那就跟房屋本身無關。為避免提前解約衍生爭議，我建議的方式是，一開始就應該在租賃契約裡面註明，不管是房東或房客提早解約，都要賠償對方一個月租金。

　　不管是上一個房客提早解約或是租約到期想要搬走，房東都可以用我上面介紹的方法，在房客打算搬走的前一個禮拜就上網路登租屋廣告，看到租屋廣告有興趣而來聯繫的人，房東可以安排在房客搬走的第三天帶看房子，我經常在當天就把房

子租出去了，這就是我所說的『房客無縫接軌』。

　　我不會在房客還沒搬走之前就帶人去看房子，這是對前房客最起碼的尊重，而且房客可能正在準備搬家，一片凌亂，也會讓來看房子的未來房客印象不好。未來房客也許還會想，那以後我要搬走之前，房東是不是也會帶人來看房子，這些都會減分，要避免啦。

　　如果房客因為工作、結婚因素而提早解約，必須賠償房東一個月租金，而房東又順利在房客搬走的隔天順利把房子租出去，做好『房客無縫接軌』，這樣一年不就收租 13 個月了嗎？

　　不過，我剛說過了，沒有房東會希望房客提早解約，這是不得已的。我曾經有個房客租了六年，後來因為要嫁人所以提早解約，我跟她說，賠償一個月租金是契約規定的，所以我先收著，看我多久找到房客，我只扣下閒置期間的租金，剩下的會還妳，後來一樣第三天就租出去了，我就把一個月的租金賠償通通還給房客。

　　「十年修得同船渡，百年修得共枕眠」，房客跟房東之間，應該也有相當的緣份，都租了六年的房子，少收一個月的租金也不為過。後來這個房客的妹妹要北上工作，還打電話問我有沒有空房子，雖然當時沒有房子可以租給她妹妹，但搬走的房客還會打電話來問有沒有房子租，應該代表我是個還不錯的房東，房客也是真心喜歡這個房子吧。

三、 附屬設備列清冊

出租房屋會附帶很多設備，包括床架、彈簧床、沙發、書桌、椅子、衣櫥、電視、冰箱、冷氣機、洗衣機、微波爐等等，要將這些設備做成附表載明項目及數量放在合約裡，避免房客搬家時清點設備產生爭議。

不過我多年的經驗，倒是很少遇到房客把附帶的設備帶走，反而房客多少會留下一些例如鞋櫃、小板凳、茶几等等帶不走的就留下來，我會把這些物品放在適合的其他套房裡，或互相挪動，來增加美觀跟便利性。

第10招

管理維護絕招

一、 租金費用的管理

1.租金選擇匯款方式

買房出租對房東而言,最重要的就是每個月要收到租金,我會在簽約的時候,在租賃契約裡直接給房客銀行帳號請房客按月匯款。

每位新房客剛住進來滿第一個月是最緊張的時刻,我會觀察這位房客有無準時匯入租金,但畢竟人有百百種,統計起來準時匯租金的並不多,總會延遲個幾天,我心裡倒是不會要房客非得按照合約記載的日期當天準時匯款不可,遲延個十天之內我都覺得還好。當房東畢竟不是開旅館,房客也

不是住一天就走，要維持良好的租客關係，房客晚個一、兩天，房東就催個半死，房東也累，房客心裡也不舒坦，何必呢！

但也不能由著房客隨性通通不管，超過十天我就會善意打個電話給房客，請房客確認一下是匯到哪去了，我的戶頭的錢沒有進來，有人說剛好忙還沒匯，有人說會再確認，但通常過幾天帳戶裡錢就進來了。

當房東這麼多年可以觀察人也是個有趣的體驗，我上面說準時匯租金的不多，但我也遇過提早匯款的，而且這位提早匯款的房客，幾乎每次都會提早匯款，至於每次延遲匯款的房客當然也是每次都會延遲匯款，可以從這裡看出每個人的個性跟習慣，久了自然會算過幾天這位房客的錢大概進來了，我再去刷本子就好，這就是我說有趣的地方。

我也遇過房客一個月匯兩次租金給我，打給房客還不可置信，所以我相信房客有時候延遲匯租金是真的忘記了，忘記就會沒匯，忘記匯過了就會多匯一次，所以房東一開始只要善意提醒就好。

雖然我的職業是律師我還是要這樣說，透過訴訟解決問題是下策呀！

2. 租金金額相同要用不同匯款帳號

通常房客都是用 ATM 匯款，房東刷本子的時候，除了金額、日期，也不會有其他記載，所以如果有二間以上的套房出租，租金又相同，記得給房客不同的帳號才能區隔。

二、 管理租屋的樂趣

1. 搭乘免費接駁車

　　我買來出租的房子都在板橋，有幾個百貨公司都有提供免費接駁車，又剛好經過我的房子，所以每次我都搭免費的接駁車去跟房客簽約、修東西，這也算小小的省錢祕技吧。

2. 定期參加住戶大會

　　另外，每年參加社區住戶大會，可以領出席費，有的還可以抽獎，我記得有一年還中過頭獎四千元喔，幾間領下來湊湊還真能吃頓好吃的，如果中獎那就當加菜了。

　　而且參加住戶大會還有個好處，多瞭解所在社區的問題，透過每個社區發生不同的問題，從參與的過程還可以知道更多日後買房子應該注意的事項，這也是累積買房經驗最實際的體驗。

三、 DIY 的小小水電工

當房東，有時候要幫房客做一些簡易水電的維修，我是律師，我當包租公，還會自己動手修水電。

這要從我小時候的故事講起，我爸爸開水電行，工作時常常要有助手幫忙遞工具或零件，像是爸爸站在梯子上裝電燈的時候，要有人替他把一樣一樣的組件遞上去。

印象中我從國小一年級開始，下課以後就會去幫忙，寒暑假就天天跟著爸爸去工作。有時候是承包蓋房子的水電，我就在工地看著每個房子從挖地基開始，綁鋼筋，釘板模，水電要負責先把水管及電路事先裝好管線，之後就灌水泥。

我記得那時時候還沒有水泥預拌車，是工人用扁擔、竹簍將沙、石頭沿著竹梯擔上釘好的板模上面，用大塊鐵板混著水泥、水以後來灌，灌樓板的中午，主人會辦一桌請工人吃，而且只要工作半天就算一天的工錢，那時後我最喜歡的一件事就是在夏天喝工地冰桶裡的百香果汁。

一直到後來考上了台北的高中，才沒有繼續幫父親的忙，但一路從小看到大那麼多年下來，我會裝電燈、水龍頭、蓮蓬頭、馬桶……等零件，大概一般簡易的安裝我通通都會，而且我家不管是學功夫或念書，一切都靠自己的學習，所以養成我對任何事情自行研究的個性，要不是念書當了律師，也許我現在也是個水電師傅，但也沒關係，多年觀摩水電的功夫也沒有白費，正好運用在現在當房東幫房客修理。

不要害怕學習，我除了會修水電，對很多事情都抱持高度的好奇心，連電腦壞掉也試著自己動手修，我學會了在電腦裝電視卡、驅動軟體，不合就自己上網找解決的方法，基本上除非是硬體出問題，不然只要有一台電腦可以上網查資訊，就可以把另外一台電腦修好。

像有一回電腦電源供應器壞掉，我學著自己修，把接頭兩邊都貼上標籤標示，然後比對新的電源供應器，照著標籤接回去，後來我講給 3C 賣場的員工聽，那位員工都說下次可以把這個方法交給其他消費者學習，有時候不要在乎自己不專業，往往不是專業的人才想得出教導普羅大眾的方法。

四、 尋求專業解決難題

不過凡事自己來，也會遇上失敗的時候。

記得有一次臉盆的水龍頭壞掉了，我去特力屋買個新的回來換，但因為已經使用太久，所以舊的水龍頭的螺絲都生鏽了，拔不下來，只好把臉盆整個從牆壁上拆下來放到地上。好不容易終於把舊的水龍頭從臉盆拆下來，但因為沒扶好，水龍頭是拔下來了，但臉盆整個往後倒就摔破了。

這下可好，本來只是水龍頭壞掉，現在卻連臉盆也破了，我覺得這好像本來只是手骨折，現在連頭都弄斷了，醫術實在不太高明，怎麼辦呢？只好回頭再去特力屋選購臉盆，遇到剛剛的店員。

「你怎麼又來了？有什麼問題嗎？」
「我把水龍頭拿回去換，結果拆的時候把臉盆摔破了」
「是喔」
「那你們可以算我便宜一點嗎？」

　　最後一句話當然是開玩笑的。不過就算有過這樣的經驗，到現在東西壞了，我還是會自己修理看看，修不好再找專業的人幫忙，在旁邊看著，下次你就學會了。

　　自己可以慢慢學習簡易之維修，例如換水龍頭、燈管等，真的不會處理的，可以直接到特力屋買，另外加工錢請師傅直接到府安裝或維修，這些都有表訂的參考價格，比較不會被敲竹槓。特力屋最近還開了特力屋 PLUS，是社區型的小店，賣的東西價格都跟特力屋一樣，也提供安裝水電維修等等服務，就近購買更方便。

結語

　　法律和投資房地產這兩碼子事，大多數的人好像很難把它聯想在一起，尤其是對於一種 "職業" 和 "事業" 的既有社會印象，這兩者又特別顯得不搭嘎！可是就投資房地產這檔事，其實這是一種財富的配置，每個人都有他的自由和選擇，不應該以 "炒房" 這樣的標籤隨便就貼在別人頭上，如果大家可以正向來看，只要「合法」並且「誠實納稅」，房地產和股票、黃金……任何金融商品一樣，何嘗不是一種正常的 "投資" 選項。

　　因為房地產市場的規模非常的大，即使再怎麼有錢，也吃不下這整個房市，因此如果我的成功模式可以適用，為什麼不分享給所有的人都可以學習應用。學做包租公，這樣的一套方法，不單可以套用到永和、新店、汐止……大台北其他區域，甚至可以套用到桃園、台中、台南、高雄……各個城市，但是要先考慮租屋的需求跟類型不同，例如上班族或學生等等。這是身為一個法律人的思惟，法律並不專屬於律師或是我一個人

的，置產當包租公，也是大家可以選擇的投資模式，這方面的智慧和經驗，完全沒有必要藏私，不怕您來跟我搶市場，如果讓愈多的人了解，就能讓愈多人有機會能夠創造財富，讓大家合法正確的賺錢致富，達成財富自由，也就是我這本書最大的目的！

蔡志雄律師

　　執業律師十餘年，台北律師公會副秘書長，基隆律師公會理事，在職進修委員會主委，101 年不動產經紀人考試榜眼，Yahoo 奇摩房地產、好房網、女人變有錢專欄作家，民法概要作者，講師。專長為婚姻家事相關領域，受巴菲特合夥人查理・蒙格亦為律師其後成功創立波克夏傳奇之啟發，對閱讀及投資產生濃厚樂趣，創立部落格『612lawyer/一個律師的投資告白』，分享自身投資觀念與心得。曾參與『地球黃金線』、『幸福照過來』、『新聞挖挖哇』、『非關命運』等電視節目錄影，及廣播中廣『美的世界』、正聲『日光大道』、『財經早知道』、環宇『趙靖宇時間』分享婚姻法律及投資心得，期許大家共享財富自由的樂趣。

蔡志雄律師的部落格〈一個律師的投資告白〉　612lawyer.blogspot.tw/
蔡志雄律師粉絲團　www.facebook.com/iam612

國家圖書館出版品預行編目(CIP)資料

我是 612 - 我當包租公：包租公律師蔡志雄教你一千萬
退休投資術 / 蔡志雄著. -- 初版. -- 臺北市：智庫雲端,
民 103.04
　　面；　公分
ISBN 978-986-88102-8-0(平裝)

1.不動產業 2.投資管理 3.理財

554.89　　　　　　　　　　　　　　　　103003917

我是 612 - 我當包租公
包租公律師蔡志雄教你一千萬退休投資術

作　　者：蔡志雄
出　　版：智庫雲端有限公司
發 行 人：范世華
地　　址：104 台北市中山區長安東路 2 段 67 號 3 樓
統一編號：53348851
電　　話：02-25073316
傳　　真：02-25073736
E - mail：webb@thinktanktach.com

總 經 銷：商流文化事業有限公司
地　　址：235 新北市中和區中正路 752 號 8 樓
電　　話：02-22288841
傳　　真：02-22286939
連 絡 處：234 新北市永和區環河東路一段 118 號 1 樓
電　　話：02-55799575
傳　　真：02-89255898
版　　次：2014 年（民 103）4 月初版一刷
　　　　　 2016 年（民 105）4 月 22 日初版六刷
定　　價：300 元
I S B N：978-986-88102-8-0

我是 612
我當包租公

我是 612
我當包租公

我是 612
我當包租公